职业教育农业农村部"十四五"规划教材

农村创新创业教程

薛永基　王宗莉　贾廷灿　主编

主　　编：薛永基　王宗莉　贾廷灿

副 主 编：李名钢　高　领　郝　雨
　　　　　张军立　段亚光

参编人员：方　丽　胡　玥　曾　方
　　　　　张　亮　黄　海

北京理工大学出版社
BEIJING INSTITUTE OF TECHNOLOGY PRESS

内容简介

党的二十大报告中提出"加快建设农业强国"。这是党中央着眼全面建设社会主义现代化国家大局做出的重大决策部署，明确了新时代新阶段农业农村现代化的主攻方向。农村创业通过繁荣乡村产业、促进农业供给侧改革、增加农民收入、促进城乡融合，成为推动农业强国建设的重要抓手。本书共分为十二单元，以创业过程为主线、以实训任务为驱动、以学生学习为中心。学生完成规定的课程学习和实训任务后，不仅能完成创新创业相关知识的认知，还能较大程度地提升创新思维能力和创业综合素质，初步具备从零开始产生一个创业想法，到不断提升自身创业素质，再到撰写商业计划书的能力。

本书主要对象为计划或已经在农村进行创业的经营者，以及立志参与农业现代化进程的高职高专的学生。

版权专有　侵权必究

图书在版编目（CIP）数据

农村创新创业教程 / 薛永基, 王宗莉, 贾延灿主编. -- 北京 : 北京理工大学出版社, 2023.8
ISBN 978-7-5763-2548-5

Ⅰ. ①农… Ⅱ. ①薛… ②王… ③贾… Ⅲ. ①农村—创业—中国—高等职业教育—教材 Ⅳ. ①F249.214

中国国家版本馆CIP数据核字（2023）第119243号

责任编辑：张荣君　　**文案编辑**：张荣君
责任校对：周瑞红　　**责任印制**：施胜娟

出版发行 / 北京理工大学出版社有限责任公司
社　　址 / 北京市丰台区四合庄路 6 号
邮　　编 / 100070
电　　话 / （010）68914026（教材售后服务热线）
　　　　　　（010）68944437（课件资源服务热线）
网　　址 / http://www.bitpress.com.cn

版 印 次 / 2023 年 8 月第 1 版第 1 次印刷
印　　刷 / 定州启航印刷有限公司
开　　本 / 889 mm × 1194 mm　1/16
印　　张 / 14
字　　数 / 326 千字
定　　价 / 55.00 元

图书出现印装质量问题，请拨打售后服务热线，负责调换

前言

党的二十大报告中提出"加快建设农业强国"。这是党中央着眼全面建设社会主义现代化国家大局作出的重大决策部署，明确了新时代新阶段农业农村现代化的主攻方向。农村创业通过繁荣乡村产业、促进农业供给侧改革、增加农民收入、促进城乡融合，成为推动农业强国建设的重要抓手。截至2022年年底，全国返乡入乡创业人数累计达到1120多万，本地创业创新人员达3150多万。可见，越来越多的外出务工人员回到家乡，在家门口创业、就业，创业对农业强国的促进作用在不断增强。

与创业实践蓬勃发展相对应的是，能够提升农村创业者创业能力的实用教材还是不足的。目前，市面上的创业教材不下百种，对农村创业者能力的提升起到了很好的促进作用，也构成了本书写作的知识基础。但是，在教学和辅导实践中，我们还是认为有必要再编写一本该类教材，原因有三。一是现有教材较少聚焦于农村创业领域，对农村创业活动指导不深入、不具体。二是现有教材知识讲解充分，但方法和实践上普遍欠缺，农村创业者感到无所适从。三是创业案例的选择多是选择知名企业和著名企业家的创业经历，对农村创业实践活动的借鉴意义不大。

基于以上认识，在同行鼓励、农村创业者要求、出版社促动下，我们编写了这本《农村创新创业教程》。本书的特点有：

第一，立足理念介绍。本书着力于创业先进理念的介绍，并将创业与企业管理、市场营销等相结合，实现了把近年来该领域的新理论、新理念引入的目标。本书多次强调，拥有正确的创业理念是做好农村创新创业学习的关键。

第二，突出方法指导。本书在着重强调理念的同时，注重创业所需方法的介绍。一方面，详细分析了农村创业所需要的团队组建、产品设计、商业模式制定、新创组织管理等内容。另一方面，对农村创业者比较关心的创业计划书写作、农村创业财务融资的来源、创业案例的详细剖析等也做了系统回答。

第三，面向实践使用。本书注重对实践的指导，通过案例分析、行业剖析等强化了理念和方法的实践应用，可以直接辅助于农村创业活动的开展和相应的管理。尤其在主要案例分析上，本书选取了大量在农村较好实践的创业项目。这些案例大都具有鲜明的时代特征，也多是编者在工作中广为接触、深入交流的农村创业案例。

第四，强调系统整合。"理念—方法—实践"是我们写作教科书的一贯主张。为切实做到这一点，在"理念"介绍之后，"方法"的引入是为了"理论"的实现，而"实践"的引入是"理论"和"方法"的具体运用。这样，三者构成一个有机系统，涵盖了创业活动的多个层面和所有活动。

本书是集体智慧的结晶，由薛永基（北京林业大学教授、博士生导师，兼任咸宁职业技术学院乡村振兴学院名誉院长）、王宗莉（咸宁职业技术学院乡村振兴学院党委书记）、贾廷灿（农业农村部农村社会事业发展中心就业创业促进处处长）联合主编，副主编由李名钢（咸宁职业技术学院）、高领（通辽职业学院）、郝雨（南阳农业职业学院）、张军立（河北政法职业学院）、段亚光（农业农村部农村社会事业发展中心）担任；方丽、胡玥、曾方、张亮、黄海参与编写工作；北京林业大学张鑫楠、朱磊、江子寒在案例设计中承担了教学化处理工作，杨晨钰婧、王宇晗、梁晓萌、孙逸宸、张园圆、凌佳旭、耿丽丽、闫少聪、覃子蕴参加了资料收集、教学资源开发等工作。

本书是基于湖北省农业农村厅委托项目"湖北省农民公共创业培训规范与课件开发"而启动的教材建设，也是教育部首批新文科研究与改革实践项目"基于仿真实验的新文科创新创业教育体系构建与实践探索"（编号：2021120004）的阶段性成果。感谢湖北省农业农村厅科教处柯枫英处长、张爱华副处长，咸宁市农业农村局刘训林局长、王光莉副局长、刘欣科长的大力支持，也感谢襄阳市农业农村局、十堰市农业农村局等对项目调研与典型案例的支持。

由于水平所限，缺点和不足在所难免，恳请有识之士和学术同仁批评指正。

编者
2023 年 8 月于北京

目录

单元1　认知农村创业 /1

任务1　了解农村创业背景 /2
任务2　分析农村创业机会 /6
任务3　选择农村创业类型 /9
任务4　认识农村创业要素 /12

单元2　思考农村创业 /17

任务1　了解头脑风暴法寻找创业机会 /18
任务2　理解5W2H法分析创业问题 /22
任务3　熟悉访谈法开展创业调研 /25
任务4　掌握思维导图法梳理创业路径 /28

单元3　分析创业资源 /33

任务1　明确资源影响因素 /34
任务2　识别农村创业资源 /37
任务3　明晰资源整合途径 /42
任务4　学会资源创造性利用 /45

单元4　开发农村创业产品与服务 /49

任务1　理解农产品（农村服务）的分类与开发特征 /50
任务2　规范农产品（农村服务）开发流程 /54
任务3　关注农产品（农村服务）开发趋势与不足 /57

单元5　创新商业模式 /63

任务1　了解商业模式概念、特点及作用 /64
任务2　理解商业模式要素的组成 /67
任务3　掌握商业模式画布的运用 /71
任务4　知晓农村创业典型商业模式 /75

单元6　提升创业能力 /81

任务1　认识创业者构成 /82
任务2　掌握创业能力 /86
任务3　树立创业价值观 /90

单元7　组建创业团队 /95

任务1　了解农村创业团队 /96
任务2　遵守创业团队的组建原则 /100
任务3　确认团队组建程序 /104
任务4　解决创业团队问题 /108

单元 10　管理农村新创组织 /165

任务 1　明晰组织定位 /166
任务 2　管理组织结构 /170
任务 3　规范薪酬体系 /175
任务 4　培育组织文化 /179
任务 5　巧用管理创新 /182

单元 8　制定营销策略 /113

任务 1　认识农产品订单式营销 /114
任务 2　了解电子商务式营销 /118
任务 3　掌握"农超对接"式营销 /122
任务 4　熟悉直播带货式营销 /126
任务 5　理解"社区支持农业"式营销 /130

单元 11　打造核心竞争力 /187

任务 1　认识农产品核心竞争力 /188
任务 2　学会控制产品成本 /191
任务 3　切实保证产品质量 /194
任务 4　及时捕捉市场动向 /196
任务 5　增强产品创新能力 /199

单元 9　拓宽融资渠道 /135

任务 1　政府与社会组织共同支援助力创业梦 /136
任务 2　认识股权投资 /140
任务 3　明晰天使投资 /143
任务 4　知晓风险投资 /147
任务 5　熟悉银行贷款 /150
任务 6　规范民间借贷 /154
任务 7　理解融资租赁 /157
任务 8　领会典当融资 /160

单元 12　编撰创业计划书 /203

任务 1　了解创业计划书内涵和特点 /204
任务 2　理解创业计划书结构 /208
任务 3　掌握创业计划书的撰写技巧 /214

单元 1
认知农村创业

农村创业是创业者依托家庭或其他组织，利用自身资源，通过在农村开展新的经营活动或者扩大原有经营规模，实现自身收益并促进农村经济发展的活动。二十大报告指出，要全面推进乡村振兴，扎实推动乡村产业振兴，农村创业是实现其目标的重要手段。本单元主要介绍农村创业背景、农村创业机会、农村创业类型及农村创业要素。

学习完本单元后，希望同学们做到：
①了解当今农村创业的时代背景。
②理解农村创业的类型。
③掌握农村创业的要素。

任务 1

了解农村创业背景

案例导入

创新发展模式，电商富农兴村
——山东省田家四姐妹电商典型经验做法

在山东省蓬莱市大辛店镇田家村，有这样一个妇女创业团队："80后"田春影、"85后"田冬影、"90后"田俊影、"95后"田汶鑫，她们是田家四姐妹。

一、联农带农助力万千果农创富

姐妹四个在一年过年期间回到蓬莱探亲，看乡亲们辛苦忙活一年，苹果却砸在手里，四姐妹心里不是滋味儿，于是她们暗下决心要帮助乡亲们把苹果卖出去。

四姐妹首先在包装上下功夫，经过与纸箱厂老板多次沟通，她们设计了个性包装，确立了自己的品牌——"田家果园"，在互联网开始推广。

她们悉心种植、挑选的水果口感好、包装精致，客户反馈一片大好，从最初的每天几十单，到后来的几百单，淘宝店和微店慢慢红火起来，火爆的时候破万单，最高峰一天发了10万多斤水果，年销售额2000多万元。

二、"田+"多种多样的再加工产品

有一年，中心区的大部分果树因为冰雹，产量受到了严重影响。为使老乡尽量减少这种损失，四姐妹计划不断拉长产业链条，利用当季水果制作果干、果醋、果汁、果酱、水果面膜，增加农产品附加值，最大程度帮助老乡增收。

三、"村播"销售 巾帼担当

近两年市场封闭、消费人群大量流失，老百姓的农产品出现大量积压，陷入滞销困境。四姐妹借助阿里巴巴的"淘宝村播"

网络销售平台，以惊人的流量和神奇的销售模式，帮助农户拓宽销路的同时，也把更多的蓬莱优质特色农特产品打造成为"网红爆品"。

（案例来源："齐鲁女性"微信公众号-《【脱贫攻坚她力量②】山东蓬莱四姐妹直播带货，日销破10万斤！助力果农脱贫攻坚，她们有绝招！》，2020年4月。编者进行了整理和删减。）

分析思考

（1）田家四姐妹是如何利用互联网平台发展农村创业的？

（2）思考农村创业需要考虑哪些环境背景。

知识锦囊

1. 乡村振兴战略的实施

乡村振兴战略是党的十九大对"三农"工作做出的重大战略部署。在其具体实施中，乡村振兴战略分为组织振兴、人才振兴、文化振兴、生态振兴和产业振兴，如图1-1所示。同时，十九大报告提出，乡村振兴的总要求为产业兴旺、生态宜居、乡风文明、治理有效、生活富裕，这是未来农村工作的总纲领，为乡村各项发展指明了前进方向。

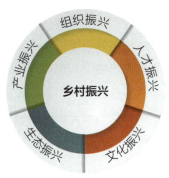

图 1-1　乡村振兴五大振兴内容

实施乡村振兴战略，产业兴旺是重点。政府采取财政资金投入等多项措施支持农村产业发展。这为农村创业者开展农村创业提供了难得的机遇和广阔的发展空间。同时，农村创业是助力乡村产业振兴的重要手段，为乡村产业振兴赋予新动能。

乡村振兴战略的实施，吸引了一大批创业者返乡开展农村创业，有效地促进了城乡的融合。农村创业者结合市场需求和当地资源禀赋，利用新理念、新技术和新渠道，开发农业农村资源，发展优势特色产业，在获得效益的同时，也推动了乡村的发展。

2. 互联网时代的推动

互联网时代是指个人与社会、经济与组织、有形世界与虚拟世界都相互关联、彼此交融、互联互通的"零距离"时代。物联网、大数据、人工智能、机器人等现代信息技术快速发展，"机器换人""电商换市"等一系列新的变革，正在深刻地改变着人们的生产生活方式，也对农村创业产生着深刻的影响。

在互联网快速发展的时代背景下，"互联网+"打通了城市与农村之间的数字鸿沟，为农民搭起创新创业的大舞台。"互联网+"等技术的应用，如创业者通过直播带货和电商平台推销农产品、利用无人机喷洒农药等开展农业生产，为农村创业者提供了新的创业模式。"互联网+农业"如图1-2所示。同时，移动通信、电

互联网+农业

子商务、在线支付等基础条件的改善，也为创业创新者提供了有力保障。

因此，农村创业者要树立互联网思维、用好信息化手段。在具体工作中，农村创业者要把千变万化的大市场和千家万户的小生产连在一起，把生产、加工、流通、管理、服务和消费等各环节连在一起。实现产品相通、信息相通、服务相通、利益共享，促进"互联网＋农业"的优质结合。

3. 休闲农业需求的增加

图1-2 "互联网＋农业"

休闲农业是以农业生产、农村风貌、农家生活、乡村文化为基础，开发农业与农村多种功能，提供休闲观光、农事参与和农家体验等服务的新型农业产业形态。进入21世纪后，消费者对休闲旅游的需求快速增长，呈现出多元化的特点和趋势，因此，农村的创业要关注到近年来休闲农业的巨大市场需求转变。

乡村旅游是休闲农业的重要组成部分。同时，作为旅游的特殊类型，乡村旅游具有独特的人文与环境内涵，能够给消费者带来具有农村风土人情的旅游体验。城市居民对于有乡村特色的体验性活动需求强于其他具有一定可替代性的休闲活动。大量的城市居民在周末及节假日会来到乡村体验农家特色活动，例如吃农家饭、住农家院、游览周边美景、体验农事活动等。这为农村创业者开展休闲农业的相关创业提供了巨大的市场。创业者如果能牢牢把握机遇，打造出一批"人无我有、人有我优、人优我特、人特我专"的乡村休闲产品和旅游服务，就会在休闲农业创业中有更大概率获得成功。

实践活动

列举"互联网＋"农村双创的具体形式

活动背景：在互联网快速发展的背景下，电子商务、网络直播带货市场规模不断扩张，用户量增速惊人，国内直播电商市场规模从2017年的190亿元迅速增长至2022年的24816亿元。以盒马生鲜为代表的电商销售模式给消费者带来更直观、生动的购物体验，转化率高，营销效果好，逐渐成为电商平台新增长动力。

四川省安岳县柠檬生产量占全中国总产量的70%以上，同时也是我国唯一的柠檬生产基地县，被称为"中国柠檬之乡"。安岳柠檬果实美观，品质上乘，许多理化指标超过了世界柠檬生产大国。

（案例来源：博雅特产网-安岳柠檬-安岳县特产。编者进行了整理和删减。）

活动目标：结合本任务中所学的知识，依托"互联网＋"的形式，探析有哪些销售渠道可以使安岳柠檬销量增加，逐步成为安岳富民兴县的绿色支柱产业。

活动时间：20分钟。

活动步骤：

（1）划分小组，采用随机的方式进行分组，每组以 4～6 人为宜。

（2）老师先列举出一种具体的"互联网+"农村双创的创业模式，起到启发的作用。

（3）讨论要包含以下两个方面：

　　①柠檬销售渠道。

　　②通过互联网进行农产品销售的模式及该模式在现实中的可行性。

（4）小组代表发表看法，老师进行点评总结。

任务 2

分析农村创业机会

案例导入

岳巧云的蜜桃梦

2014年年初，岳巧云看到了蜜桃市场存在的巨大商机就毅然辞掉了之前的工作回到北京平谷家乡，开始返乡创业种植水蜜桃。岳巧云以"互联网+"为切入点，创立互联网线上销售模式。她在2016年在淘宝网注册了兴云生态农产品店铺。充分发挥"互联网+"的优势，线上接单，由绿农兴云组织货源，将果农生产的优质果品，在线下通过物流配送、销往全国各地，大大地拓宽了销售渠道，销售流水达2000万元左右。

电商销售两头不见人，凭的是诚信和质量。在线销售过程中，大桃质量标准不一，品质高低不同，大桃腐烂、大小不一、分量不够、口感不佳，类似问题屡屡发生，一直困扰着岳巧云，退货和索赔率居高不下。为彻底解决这个问题，岳巧云与科研部门合作，重点推广一系列优新品种，例如：黄油蟠、奥蟠、纽扣蟠桃等，形成了合作社的"拳头"产品。2020年，刘家店镇丫髻蟠桃会采用直播带货新模式，大桃销售连续十几天保持在3000箱以上，帮助果农、菜农销售农产品，解决了部分农产品的滞销问题。

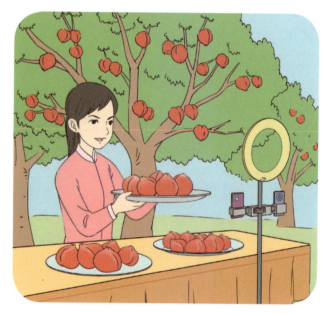

2021年岳巧云建立了桃全产业链社会化服务组织，在提供在线销售服务的同时，又面向桃农提供老旧果园倒拉枝型标准化改造工程、新建高标准示范园工程、建立菜单式服务组织运营体系等服务，助推平谷大蜜桃生产销售迈上新台阶。

（案例来源：《第4批全国农村创业创新优秀带头人典型案例汇编》中国农业出版社，2021年8月。编者进行了删减和整理。）

分析思考

（1）岳巧云为何放弃之前工作来从事蜜桃创业？

（2）岳巧云是如何利用互联网平台将蜜桃产业做大做强的？

1. 认识市场机会

市场机会简单来说就是市场中存在的未满足的需要。例如城市居民在周末节假日喜欢去周边乡村旅游观光，但是周边乡村缺少相应的住宿和观光条件，那么其中就蕴含着巨大的市场机会。农村创业者可以开展农家乐、乡村观光旅游相关的创业来抓住这一市场机会。创业者要学会认识市场机会并善于发现市场机会。而市场机会一般来源于四个方面，见表1-1。

表1-1 市场机会的来源

来源	简述
需求升级	有机食品的消费量逐步增加，消费者对没有残留农药、生产过程安全环保的农产品越来越青睐，是典型的消费者需求升级。
技术革新	各平台直播带货是典型案例，如果没有互联网普及和网络技术更新的支撑，直播带货难以实现。
政策扶持	例如国家鼓励规模化种植，通过补贴鼓励土地流转，都将为农村创业者提供创业机会。
市场竞争	有人认为市场竞争残酷，不利于农村创业者的发展。其实通过竞争，农村创业者才能更快进步，同时，在竞争中新的需求也将不断被开发出来。

2. 发现创业机会

创业者需要明白不是所有的市场机会都是创业机会。例如，当前我国在光刻机、芯片制造等领域面临着"卡脖子"的困境。这些领域有着广阔的市场发展空间，蕴含着巨大的市场机会。但是对于农村创业者来说这仅仅是一个市场机会而不是一个创业机会，农村创业者要选择适合自己的市场机会。下面将介绍市场机会转变为创业机会所要具备的主要的三个条件：

第一，市场机会要与创业组织的任务和目标相一致。 如果一位农村创业者想做绿色蔬菜种植相关的创业，并且在该领域积累着较为丰富的经验，那么应该重点关注绿色蔬菜种植领域存在的市场机会。

第二，市场机会符合创业组织的资源条件。 创业者在选择创业项目时要对自己的创业团队、创业资源、创业具备的优势条件进行全面评估，选择符合本组织资源条件的市场机会。简单来说，就是创业者要选择干得了、干得好的市场机会，要学会扬长避短、量力而为。

第三，创业组织利用该机会能享有更大的差别利益。 创业组织在选择创业机会时可能会遇到不止一个合适的机会，这就需要创业者有所选择。创业者应该选择发展前景更好、能给自己带来更多收益的创业机会。

3. 管理创业机会

管理创业机会是创业者对整个创业机会发现、筛选、确定全流程的管理，即计划、组织、执行和控制创业机会选择工作。管理工作的好坏，直接关系着创业者能否高效、准确地选择出适合自己的创业机会并开展创业活动。下面将从三个方面来具体介绍如何管理创业：

第一，围绕创业目标制定选择计划。创业者可以聚焦相关领域，通过上文介绍的发现市场机会的方法，高效、准确地发现与创业组织目标和任务一致的创业机会。

第二，整合创业资源做好组织管理。创业者要协调好团队人员的工作，发挥团队各成员的优势，同时，要积极利用自己所具备的相关资源，畅通信息沟通渠道，广泛获取相关信息。

第三，执行创业计划并做好过程控制。创业者在做好选择创业机会的计划后，就要执行计划，并利用控制系统控制意外状况地发生，推动任务的顺利进行以实现创业组织制定的相关目标。

学会管理创业机会

活动背景：小李是一名在牛奶生产企业工作的职工，对牛奶的制作工艺以及牛奶市场的相关情况较为熟悉。小李发现近些年来随着经济水平的提高，消费者对牛奶尤其是对鲜奶的需求不断增大。而本地的牛奶生产企业主要以生产牛奶制成品为主。因此，小李萌生了自己和朋友合伙来进行鲜奶相关的创业活动。

活动目标：通过本任务所学知识，分析小李该如何管理创业机会。

活动时间：25分钟。

活动步骤：

（1）划分小组，采用随机的方式进行分组，每组以4～6人为宜。

（2）老师给出话题：请同学们思考小李应该从哪几个方面着手对创业机会进行管理。

（3）讨论要包含以下两个方面：

①小李该如何选择适合自己的创业机会？

②思考小李在创业机会管理中可能会遇到问题及解决问题的办法。

（4）小组代表发表看法，老师进行点评总结。

任务 3

选择农村创业类型

案例导入

田田水果专业合作社的 300 亩水蜜桃园采用"认养"模式，其中有 500 棵桃树以每棵 480 元被认养，被选中的树将被挂上相应编号，当年树上结出的桃子将归该认养人所有。被认养的桃树全部采用无化肥种植，全部以鸡粪、鸭粪等为桃树养料，每只果实均使用防虫害专业套袋。

在每年的采摘期，每株桃树可结 40～60 斤、100～150 只桃子。认养后，认养人每年 4 月可去郊游赏花，7 月果实成熟时可前往采摘，享受一番收获的乐趣。平日，桃树的除虫、施肥等均由合作社社员专人打理。

（案例来源：百度网 –《农产品 + 互联网 + 认养农业》，2020 年 5 月。编者进行了整理和删减。）

分析思考

田田水果专业合作社选择的是什么创业类型？

知识锦囊

随着创业活动的日益广泛，农村创业活动的类型也呈现出多样化的趋势。了解创业类型，比较不同类型创业活动的特点，有助于更好地理解和开展农村创业活动。创业类型的划分方式很多，所依据的标准也不尽相同。本书主要从六个方向对农村创业进行分类，如图 1-3 所示。

1. 规模种养殖

规模种养殖创业是指规模化的种植或者养殖。农村创业者通过土地流转等方式将分散的土地集中进行管理，发挥规模经济优势，增加经济收益。同时，创业者在生产中可以运用一些科技手段提高效率。比如河南土地托管创业就用无人机打药、用机械化农具进行收割等。

2. 生态农业

生态农业主要是指在农业生产中不使用化学合成的杀虫剂、除草剂，而使用有益天敌或机械除草方法进行农业作业。创业者可以在植物种植时，不使用化学合成的植物生长调节剂，而是利用腐殖质保持土壤肥力；在动物饲养时，不使用抗生素，而采用天然饲料。利用生态农业产出的绿色产品越来越受到市场的欢迎和消费者的青睐。

3. 农产品加工

农产品加工是用物理、化学和生物学的方法，将农业的主、副产品制成各种食品或其他用品的一种生产活动。农产品加工主要包括粮食饲料加工、榨油、酿造、制糖制茶、纤维加工及果蔬、畜产品、水产品等的加工。农产品加工可以使农产品得到综合利用，增加农产品价值，提高农民收入。

图1-3 农业创业的六个方向

4. 观光农业

观光农业主要是指在城市郊区具有农业生产、生态、生活于一体的农业区域开展欣赏观光活动，为城市居民在周末带着家人来观赏小麦、玉米、水稻田，亲近大自然提供服务。观光农业不仅具有生产性功能，还具有改善生态环境质量，为人们提供观光、休闲、度假的生活性功能。

5. 农家乐

农家乐是一种新兴的旅游休闲形式，是城市居民通过回归自然从而获得身心放松、愉悦精神的休闲旅游方式。一般来说，农家乐的业主将当地的农产品进行加工，满足客人的需要。农家乐的主要消费群体也是城市居民，被他们吸引到农村消费，品尝特色的农产品，在乡村住宿，体验别样的乡土气息。农家乐受到很多城市人群的喜爱。

6. 乡村旅游

乡村旅游是相对于城市旅游而言的。它是将第一产业（种养殖业）和第三产业（服务业）结合起来，依托农村区域的优美景观、自然环境、建筑和文化等资源，在传统农村休闲游和农业体验游的基础上，拓展开发乡村度假、休闲娱乐等项目的新兴旅游方式，比如，通过建设田园综合体、农业主题公园等形式吸引城市居民来农村旅游、消费。

讨论适合你的农村创业类型

活动背景：赣南脐橙全国闻名，系江西省赣州市特产，中国地理标志产品。赣南脐橙果大形正，橙红鲜艳，光洁美观，可食率达 85%，肉质脆嫩、化渣，风味浓甜芳香，含果汁 55% 以上，已被列为全国十一大优势农产品之一。小明家住赣南地界，家中有脐橙地六亩。

活动目标：根据课堂所学知识，为小明家设计不少于三种适合他家的农村创业类型。

活动时间：20 分钟。

活动步骤：

（1）划分小组，采用随机的方式进行分组，每组以 4~6 人为宜。

（2）老师给出话题：选择最适合类似小明家的农村创业类型。

（3）讨论要包含以下两个方面：

①为何选择这种农村创业类型？请说明原因。

②你所选择的农村创业类型有何优劣势？

（4）小组代表发表看法，老师进行点评总结。

任务 4 认识农村创业要素

案例导入

江西省崇义县依托生态创新引领"三产"融合发展

崇义县位于江西省西南边陲，总面积2206.27平方公里，人口22万。2019年地区生产总值84.57亿元，全年人均地区生产总值43526元。崇义通过三产融合发展，在生态产品价值实现方面取得了良好成效。在进一步巩固生态优势的同时，实现"把产品卖出去"，卖出高附加值，更要"把人引进来"，吸收年轻血液，打造具备多元化知识结构的创业团队，旨在做旺全域旅游，打通"绿水青山"与"金山银山"之间的双向转换通道，使生态产业真正成为"富民产业""富县产业"。

崇义县"三产"融合生态产业发展模式适用于生态资源禀赋、产业基础较好、创新要素比较集聚的地区，能够合理挖掘其潜在的各项生态资源优势，以"生态+产业"业态融合发展为目标，推动产业协同发展，培育"三产"融合的新业态、新模式，形成产业合力效应，实现产业高质量、可持续发展，造福当地人民。

（案例来源："生态环境部"微信公众号-《"绿水青山就是金山银山"实践模式与典型案例（13）| 江西省崇义县依托生态创新引领三产融合发展》，2021年8月。编者进行了整理和删减。）

分析思考

崇义县因地制宜根据当地实际情况,结合了哪些创业要素推动"三产"融合发展?

知识锦囊

蒂蒙斯在他所著的《创业学:21世纪的创业精神》一书中提出了创业管理模式。他认为成功的创业活动,必须要能将创业机会、创业团队和创业资源三者做出最适当的搭配,并且也要能随着事业发展而达到动态的平衡。创业要素模型——蒂蒙斯模型如图1-4所示。

图1-4 创业要素模型——蒂蒙斯模型

创业是一项较为复杂的工作,其中包含着多个要素。根据蒂蒙斯模型所示,创业者在创业前需要寻找到适合自己的创业机会,建立创业团队,获取并整合创业资源,激励团队成员共同朝着目标努力。因此,创业者必须对创业机会、创业团队、创业资源三个关键的创业要素有所了解。

1. 创业机会

创业机会往往是一个新的市场需求,一个需求大于供给的市场需求,或者一个可以开发新产品的市场需求。这样的市场需求并非只有创业者能认识到,其他的竞争者也许也会很快发现相同的市场机会并加入竞争行列。因此,创业者要敏锐观察市场变化,捕捉市场需求点,抓住创业机会。

2. 创业团队

创业团队并不是一群人的简单组合,而是一个特殊的群体。它要求团队成员能力互补,拥有共同的愿景和价值观,通过相互信任、自觉合作、积极努力而凝聚在一起,并且团队成员愿意为共同的目标奉献自己,发挥自己最大的潜能。

3. 创业资源

创业资源是指初创企业在创造价值的过程中需要的特定的资产，包括有形与无形的资产。创业资源是新创企业创立和运营的必要条件，主要形式表现为人才、资本、机会、技术和管理等。

实践活动

通过创业要素模型探索创业要素之间的关系

活动背景： 蒂蒙斯模型，如图 1-4 所示，指的是一种商业模型。创始人或工作团队必须在推进业务的过程中，在模糊和不确定的动态的创业环境中具有创造性地捕捉商机、整合资源和构建战略、解决问题的沟通领导能力。

活动目标： 结合"案例导入"中崇义县"三产"融合发展的案例，使用蒂蒙斯模型分析三个创业要素在该县"三产"融合发展之间的关系。

活动时间： 25 分钟。

活动步骤：

（1）划分小组，采用随机的方式进行分组，每组以 4～6 人为宜。

（2）老师对创业要素模型——蒂蒙斯模型内容进行复盘，起到启发的作用。

（3）讨论要包含以下两个方面：

①根据崇义县"三产"融合发展的案例，小组讨论如何匹配创业三要素之间的关系及弥补其差距。

②说出该模型在现实中的可行性。

（4）小组代表发表看法，老师进行点评总结。

单元总结

本单元包含四个任务,围绕四个任务分别介绍了如何了解农村创业背景、分析农村创业机会、选择农村创业类型、认识农村创业要素。创业是一个创造新事物、实现价值增值的过程,需要付出极大的努力,也必须承担一定的风险。不同的创业类型有不同的特点,机会、创业者及其创业团队、资源是任何创业活动都不可或缺的。在"大众创业,万众创新"和全面实施乡村振兴战略的背景下,创业活动呈现出新的变化。通过本单元的学习,相信同学们已对农村创新创业有了一个初步的理解,并将在日后的创业过程中,对创业有系统性的认识。

 课后训练

活动背景:

放弃京城生活回乡创业 涪陵李钰婷获评最美扶贫志愿者

李钰婷是重庆市涪陵区义和镇人,毕业于北京市首都经济贸易大学,在北京从事数据库及软件销售工作近20年。2016年9月,李钰婷毅然决定辞职,从北京回到家乡开始了她的创业梦,创办了重庆雄驰农业开发有限公司。这家公司发展集农业开发、农业观光旅游、农业种植、养殖销售、电子商务销售于一体的现代化新型农业。

2016年10月,李钰婷借助当地的地域禀赋资源,在义和镇石岭村承包经营了1200亩笋竹园。同时,她把基地建在贫困村,并进行林下土鸡养殖,还在当地办起农家乐,聘请当地养殖和种植经验丰富的村民在笋竹基地、养鸡场、农家乐务工,以"股份分红+务工收入"的产业扶贫模式,让当地群众获得实惠。此外,李钰婷的企业还招募了具有电商运营经验的人才,组成创业技术团队,建立了自己的电商销售渠道,成立了电商中心服务站,通过"公司+合作社+农户+互联网+电商运营"的模式,将公司产品和当地村民的农产品源源不断地销售到全国各地。

李钰婷称,公司在当地政府的大力支持下,启动了"农旅融合"项目,以竹子为主要依托不断发展壮大,引进多品种的竹笋进行种植,让这里一年四季有笋子可采,开发与竹笋相关产品,打造将竹笋种植(林下特色养殖)、生态旅游、健康养老、餐饮、住宿、休

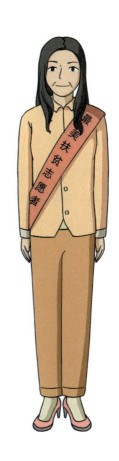

闲娱乐融为一体的现代田园综合体。

截至 2020 年，李钰婷的企业带动全村就业及土地分红金额达到 60 余万元。

（案例来源：中国农村创业创新信息网，《全国农村创新创业带头人典型案例——李钰婷》，2020 年 6 月。编者进行了删减和整理。）

活动目标：结合案例分析农村创业需要的机会和要素，以及在创业过程中应注意的问题。

活动时间：30 分钟。

活动步骤：

（1）划分小组，采用随机的方式进行分组，每组以 4~6 人为宜。

（2）根据案例中内容，分析李钰婷是如何发现创业机会的，她选择了哪种农村创业类型，她成功的背后涉及了哪些创业要素。

（3）小组代表发表看法，老师进行点评总结。

单元 2
思考农村创业

创业者不能仅仅凭借创业之初心中的那份创业热情就决定开展农村创业活动。农村创业活动是一项较为复杂且具有一定风险的活动，需要创业者需要去思考自己是否适合创业及该如何创业的问题。本单元主要介绍头脑风暴法寻找创业机会、5W2H 法分析创业问题、访谈法开展创业调研、思维导图法梳理创业路径。

学习完本单元后，希望同学们做到：
①了解头脑风暴法寻找创业机会。
②理解 5W2H 法分析创业问题。
③熟悉访谈法开展创业调研。
④掌握思维导图法梳理创业路径。

任务 1　了解头脑风暴法寻找创业机会

案例导入

"互联网+"农村创业机会头脑风暴大讨论

1. 会前准备

（1）落实参与人、主持人，同时主持人明确与会人员的发言次序，避免发生争执。

（2）明确讨论主题，这次讨论的主题是在互联网快速发展的背景下，寻找利用互联网开展农村创业的创业机会，讨论者在此主题下集思广益、发散思维。

（3）准备好材料，将问题写成问题分析材料，在召开头脑风暴会议之前的几天内，连同会议程序及注意事项一起发给各位与会人员。

（4）举行热身会，在正式会议之前召开预备会议，向与会人员说明头脑风暴法的基本规则，解释头脑风暴法的基本技术，让参与者尽快适应头脑风暴法。

2. 创意开发

由主持人公布讨论方向，并介绍与主题相关的参考情况，要求大家突破思维惯性，大胆进行联想。讨论时间一般控制在30~45分钟，主持人要控制好时间，力争在有限的时间内获得尽可能多的创意性设想。

3. 分类与整理

记录所有提出的构想后进行创意想法的梳理。创意想法一般分为实用型和幻想型，前者是指当前技术可以实现的创意，后者指如今的技术较难或还不能完成的设想。

4. 质疑、分析与判断

在讨论结束后，专家们组成的评判团队应该对各种构想进行有理有据的质疑和分析，先筛选掉不合理的创意，之后通过专家论证进行判断投票，经数轮投票选出所有创意构想中最合理的一个。

（案例来源：汤发良《管理学原理（第二版）》，广东高等教育出版社，2009年7月。编者进行了整理和删减。）

分析思考

（1）你认为在头脑风暴讨论中哪个环节是最重要的？
（2）头脑风暴需要遵守哪些讨论规则？

知识锦囊

头脑风暴法也称为智力激励法，主要通过营造轻松的氛围，经过小组成员之间的互相启发，产生连锁反应，最大程度激发人的创造力，进而获得解决问题的可行性方案。

1. 头脑风暴法的实施原则

在使用头脑风暴法解决问题时，为了减少群体内的社交抑制因素，激励新想法的产生，提高群体的创造力，必须遵守以下基本原则：

（1）延迟评判原则。在头脑风暴会议上，会议主持人和会议参与者对各种意见、方案的准确与否不要当场做出评价，更不要当场提出批评或指责。

（2）自由畅想原则。与会者在轻松的氛围下，就像与家人聊天一样各抒己见，这可以避免人云亦云、随波逐流、思维僵化，有利于提出独特的见解。

（3）以量求质原则。如果追求方案的质量，容易将时间和精力集中在对该方案的完善和补充上，从而影响其他方案的提出和思路的开拓，也不利于调动所有成员的积极性；如果头脑风暴会议结束时有大量的方案，那就极有可能发现一个非常好的方案。

（4）综合改善原则。与单纯提出新想法相比，对想法进行组合和改进，相互启发、相互补充、相互完善，可以产生出更好、更完整的想法，故头脑风暴能集思广益，更好地体现集体智慧。

2. 头脑风暴法的实施步骤

头脑风暴法的实施具有较为规范的步骤。总结起来，头脑风暴法的实施步骤如图2-1所示。

图 2-1 头脑风暴法的实施步骤

3. 头脑风暴法的实施技巧

经过多年的研究和实践，人们总结了大量简便有效的经验，下面将结合如何选择农村创业机会的问题，简单介绍一些小技巧，以便创业者在实际操作中产生更好的实施效果。

头脑风暴法

（1）应当优先确定讨论主题。在讨论内容的设置方面，应做到以下几点：
①在设置时必须注意头脑风暴法的适用范围。
②讨论的问题要具体、明确，不要过大。
③讨论问题也不宜过小或限制性太强，例如，在分析创业机会时，不要将选择的领域过度缩小。
④不要将两个或两个以上的议题同时拿出来讨论。

（2）应当"停停走走"，注意循序渐进。与会者在讨论创业机会时可以在上一个人发言的基础上进行发散性思考，提出自己的想法。该技巧为用3分钟提出设想，然后用5分钟进行思考，接着用3分钟提出设想……这样3分钟与5分钟过程反复交替，形成有走有停的节奏。

（3）应当"一个接一个"，按照顺序依次发言。与会者根据座位的顺序一个一个提出自己想到的农村创业机会，如果轮到的成员没有有关创业机会的新构思，就顺延至下一人，如此循环，直至会议结束。

头脑风暴讨论休闲农业创业机会的具体流程

活动背景：以花卉产业为载体发展乡村休闲旅游的"五朵金花"是成都锦江区三圣乡的五个村的雅称。该区域的农户采取自主经营、合作联营、出租经营等方式，依托特色农居，推出休闲观光、赏花品果、农事体验等多样化的休闲农业项目。现已形成了红砂村的"花乡农居"、幸福村的"幸福梅林"、驸马村的"东篱花园"、万福村的"荷塘月色"、江家村的"江家菜地"等著名休闲农业景点，吸引着众多游客前往，成为休闲农业开发的典范。

（案例来源："中农富通长三角规划所"百家号-《盘点国内外10个休闲农业经典案例，无特色不生存》，2020年6月。编者进行了整理和删减。）

活动目标：结合本任务所学知识，依据头脑风暴法的实施规则、步骤与技巧，借助"五朵金花"的休闲农业模式案例，设计一个具体的头脑风暴讨论流程来掌握该方法在休闲农业创业机会中的应用。

活动时间：20分钟。

活动步骤：

（1）划分小组，采用男女比例相同的方式进行分组，每组以 4~6 人为宜。

（2）老师布置任务：简要介绍"成都：'五朵金花'"的概况，将头脑风暴法的应用主题、规则、任务和步骤下发至每组成员。

（3）讨论要包含以下两个方面：

①小组成员进行会前准备，依据头脑风暴法的实施技巧进行案例讨论，根据座位顺序依次发表"五朵金花"是如何依托区位和资源优势，把握休闲农业创业机会的。

②说出该方法在小组应用中还有哪些待改进的地方。

（4）小组代表发表看法，老师进行点评总结。

任务 2

理解 5W2H 法分析创业问题

案例导入

5W2H 法分析农产品市场定位、消费者购买行为

品牌方面：消费者更倾向于购买知名厂商产品。较知名的品牌有蒙牛、伊利、金龙鱼、双汇、雀巢等。选择知名品牌的农产品原因主要有品质保障、口感好等。消费者购买农产品的行为模式，利用 5W2H 法进行分析：Who，谁是购买者——家庭主妇、退休人群、老年人居多；What，购买什么——主食、肉类、蔬菜、水果还是奶类产品；Why，为什么购买——日常必需食材还是改善伙食的享受型农产品；When，何时购买；Where，在哪里购买——大型连锁超市、农贸批发市场还是小摊小贩；How，怎样购买——电商线上平台还是线下自主购买；How much，购买的价格是多少——价格在合理区间内的产品销量更佳。

社会因素：人们对高级食品的需求逐渐提升，对食品质量、产地来源的要求也越来越高。

经济因素：随人均收入水平提高，人们的生活水平、消费水平及需求也在不断提高。

技术因素：新技术、新材料、新工艺不断出现。农产品价格、质量和品牌是吸引消费者消费的主要因素。在实际消费过程中，品质消费仍是当前消费者主要的消费观念。他们在填饱肚子的基础上更加追求食品的营养程度和产地来源，同时更多地关注食品的质量、包装、色泽等，此种心理在当代消费群体中具有普遍性和代表性。

（案例来源：百度文库-《5W2H 分析法-消费者购买行为背后的需要》，2022 年 4 月。编者进行了整理和删减。）

分析思考

（1）结合以上案例思考如何用 5W2H 法分析农产品设计及用户购买行为。

（2）用 5W2H 法分析以上创业问题有什么帮助作用？

 知识锦囊

1. 5W2H法的主要内容

5W2H法是用五个以W开头的英语单词和两个以H开头的英语单词进行设问，发现解决问题的线索，寻找思路，进行设计构思，从而找到解决问题的新方法，具体如下：

（1）Why——为什么？为什么要这么做？理由何在？原因是什么？

（2）What——是什么？目的是什么？做什么工作？

（3）Where——何处？在哪里做？从哪里入手？

（4）When——何时？什么时间完成？什么时机最适宜？

（5）Who——谁？谁来承担？谁来完成？谁负责？

（6）How——怎么做？如何提高效率？如何实施？方法怎样？

（7）How much——多少？做到什么程度？数量如何？质量水平如何？产生的费用如何？

5W2H法的主要内容如图2-2所示。

图2-2 5W2H法的主要内容

2. 5W2H的具体应用内容

（1）为什么（Why）？

为什么要选择创业？为什么要选择这个创业方向？理由何在？

（2）做什么（What）？

创业的目标是什么？想进行什么类型的创业？与其他创业者相比，自己身上具备的创业优势有哪些？

（3）何地（Where）？

准备在哪个地方开展创业活动？准备从哪个地方入手开展农村创业活动？

（4）何时（When）？

创业的最佳时机是什么时候？准备什么时间使创业组织实现盈利？

（5）谁（Who）？

创业的合作伙伴和团队成员应该选择谁？准备选择团队中哪个成员来负责团队的销售、管理工作？

（6）怎样（How）？

该如何去创业？如何提高利润率？如何提高自己产品的市场占有率？如何找到好的创业机会？

（7）多少（How much）？

创业的投入预算是多少？期望的收入额是多少？这个领域有多大的市场发展前景？

实践活动

5W2H法分析临安坚果炒货的市场流通可行性

活动背景：浙江临安立足自己的优势产品坚果炒货，背靠紧贴杭州优越的区位优势，大力推进县域农村电子商务平台的发展。2013年临安各类优质生态农产品产量25万吨，总产值51.5亿元，农产品电商销售突破10亿元。

临安积极开展城乡村企联动，其中农产品电商示范村7个，销售额在500万元以上的38家电商企业销售总额达到5.65亿元；形成"两园多点"——临安市农村电子商务产业园、龙岗坚果炒货食品园（城），多个农产品基地（村）。

临安线上线下相互配合齐头并进，"一带一馆＋微临安"——阿里巴巴临安市坚果炒货产业带（天猫平台）、淘宝"特色中国·临安馆"，集旅游、传媒、娱乐、生活、服务于一体的具有临安本土情怀的微信平台——微临安。

（案例来源："南京天放网科"搜狐号-《五大经典农村电商成功案例》，2020年7月。编者进行了整理和删减。）

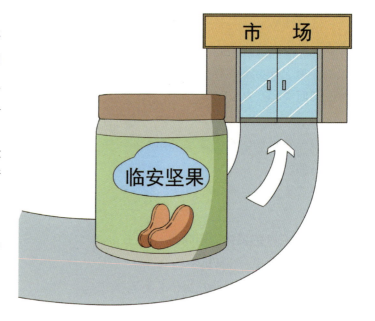

活动目标：根据活动背景中的案例，用5W2H分析法分析临安坚果炒货的流通可行性。

活动时间：20分钟。

活动步骤：

（1）划分小组，采用自愿分组的方式进行分组，每组以4～6人为宜。

（2）小组长分配组员任务，确保每人至少分析该案例中1W或1H的可行性。

（3）讨论要包含以下两个方面：

①根据临安案例，小组成员依据5W2H分析法的内容就临安坚果炒货流通的合理性进行案例讨论。

②通过5W2H法分析，总结临安坚果炒货有无独创的优点，是否还有改进余地。

（4）小组代表发表看法，老师进行点评总结。

任务3

熟悉访谈法开展创业调研

案例导入

荆楚楷模张亮:"别墅养鸡"让乡亲们快速走上致富路

1986年出生的张亮,是咸宁市嘉鱼县高铁岭镇杨山村人。2007年大学毕业后,他应聘到广东一家知名企业从事服装设计,发展得很不错。

穿梭在繁华的都市,满眼是闪烁的霓虹,张亮却常常想起自己村湾里那些慈祥和蔼、老弱无助的乡亲们。怎么能让这些弱势群体有稳定收入,又不带来什么风险?张亮反复思考,先是回到家乡实地走访,根据当地的地理条件、结合村民们的实际情况,询问了很多父老乡亲的看法。通过和乡亲们的聊天,他认为养鸡投入小、见效快,对于乡亲们来讲不是难事。他将这一想法和乡亲们进行了沟通,并及时记录了他们对于养鸡的看法,之后查阅了专业养殖资料,最终拍板,开始了养鸡的创业之路。

高铁镇九龙村地处山区,土地不连片,荒芜地块多,但空气新鲜,水土环境适合养鸡。由于之前和乡亲们沟通的效果很好,在他的创业路上乡亲们积极参与,还有很多当地贫困户听闻后自发加入他所创林下生态养殖的行列。

张亮还在九龙村建立了一个全自动化孵化中心和四个育雏基地,并申请了"林下绿壳"这一公共品牌,开通了网店。三年间张亮带动村民共同实现销售额2300多万元。

(案例来源:湖北文明网-《荆楚楷模张亮:"别墅养鸡"让乡亲们快速走上致富路》,2020年12月。编者进行了整理和删减。)

分析思考

(1)张亮是如何发现创业机会的?
(2)根据案例导入中的案例,思考创业调研中要注意哪些事项。

访谈,就是研究性交谈,是以口头形式根据被询问者的答复搜集客观的、不带偏见的事实材料,以准确地说明调研样本所代表的总体情况的一种方式。创业者通过实地走访调研,了解当地的风土民情及存在的市场机会,为创业项目的发现及创业活动的开展提供理论支撑。

1. 访谈的具体做法

(1)设计合适的提纲。

访谈提纲是前提。农村创业者要在访谈前思考自己需要了解内容,例如市场前景、区位优势等情况,做好访谈提纲。农村创业者在访谈时要紧紧围绕之前确定的主题展开,从而保证访谈的有效性。

(2)恰当的提问与回应。

被访者回应是核心。访谈对调查者的提问技巧有较大要求。创业者在进行访谈时要懂得循序渐进,注意问题切入的时机以及访谈对象对问题所表现出来的态度。创业者切忌一味地追问,因为很容易令受访者感到压力,得到的回答可能也不尽如人意。

(3)及时的信息记录。

信息记录是重点。在访谈之前,创业者最好准备录音或者录像工具对本次访谈进行记录。在访谈过程中,也要注意对重点的捕捉。毕竟,人的大脑不能事无巨细地记住所有的细节,利用工具做好记录是明智之举。

2. 访谈的注意事项

(1)创业者要有计划、有目的地进行客观访谈,避免只凭主观印象访谈,或谈话者和调查对象之间毫无目的、漫无边际地交谈。关键是要准备好谈话计划,包括对于创业过程中关键问题的准确措辞及对谈话对象所做回答的分类。

(2)创业者要用合适的访谈方法对被访者进行有效访谈。创业者要对被访者经历、个性、地位、职业、专长、兴趣等有所了解,要分析被访者能否提供对创业有价值的材料,要考虑如何取得被访者的信任和合作。

(3)创业者要"接地气"地进行访谈并及时记录内容。设计的访谈问题要简单明白,易于回答;提问的方式、用词的选择、问题的范围要符合被访者的知识水平和习惯;创业者要及时记录、汇总谈话内容,整理对创业有用的信息。

(4)创业者要注意沟通方式与交往礼仪。有时访谈的失败正是在于沟通方式不得当。为了使被访者留下良好的印象,要善于及时沟通,消除误会隔阂,形成互相信任的融洽的合作关系。创业者还要注意自己的行为举止,其中关键是以诚相待,热情、谦虚、有礼貌。

实践活动

实地调研，对有机农场的创业机会进行访谈

活动背景： 锦会有机农庄位于北京市怀柔区的南部，京沈公路（G101）与京承高速（S11）交汇处，交通便利。该农场成立有10年之久，是创立较早的一家有机农场。怀柔境内风光秀丽，气候宜人，素有"京郊明珠"的美誉。锦会有机农场种植的有机蔬菜服务于北京的500多户家庭宅配会员和国际幼儿园、高档会所和餐厅。

（案例来源：家庭农场联盟网－《北京锦会有机农庄》。2016年6月。编者进行了整理和删减。）

活动目标： 设计访谈法到访有机农场调研农村创业机会。

活动时间： 20分钟。

活动步骤：

（1）划分小组，采用随机的方式进行分组，每组以4～6人为宜。

（2）小组长分配组员任务和身份，包括设计访谈提纲；确定信息记录员；寻找及确定农村创业受访者。

（3）讨论要包含以下两个方面：

　　①根据提前设计好的访谈提纲，巧妙使用访谈方法，基于本小组农村创业的研究内容对农场创业者进行有效访谈。

　　②依据访谈法分析受访者所提供的有价值的材料，信息记录员进行访谈信息汇总，小组成员讨论访谈法的优缺点并总结访谈法在农村创业中的优势有哪些。

（4）小组代表发表看法，老师进行点评总结。

任务 4
掌握思维导图法梳理创业路径

案例导入

在农村创业中，离不开农业生产。运用思维导图分析农业生产的区位条件（自然条件），可从光照、热量、昼夜温差、水分、气象灾害进行分析，如图 2-3 所示。思维导图可以清晰明了地将农业生产所涉及的内容展示出来，更加便于创业者理解和分析。

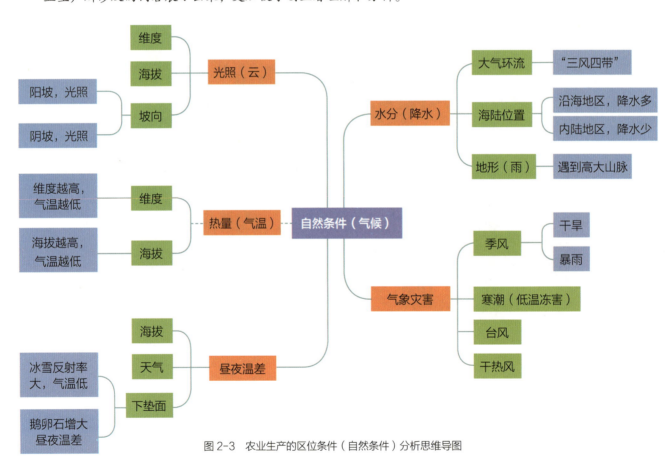

图 2-3 农业生产的区位条件（自然条件）分析思维导图

（案例来源：无忧文档-《农业生产与地理环境-农业地区因素及变化》。编者进行了整理和删减。）

分析思考

（1）分析用思维导图法梳理问题的优势。
（2）类比案例导入中的思维导图，试着梳理自己知晓的其他农村创业中的问题。

知识锦囊

思维导图，又名心智导图，是一种表达发散性思维的有效图形。它制作简单，同时又很高效，是一种实用性的思维工具。农村创业者在梳理创业路径等较为复杂的问题时可以借助思维导图法来分析，提高梳理的效率，让创业思路更加清晰明了。

1. 思维导图的作用

（1）有利于系统地认识所思考的问题。思维导图的建立有助于农村创业者对其研究的创业问题形成逻辑性更强的框架式思维体系，有助于其进行更深刻的、富有创造性的思考，有助于对其所思考的农村创业路径问题进行全方位和系统地描述与分析，从而事半功倍地找到解决问题的关键因素或关键环节。

（2）有利于提升创业者的思考能力。思维导图的制作是非常灵活的，没有很多严格的限制原则，其关键点在于能够体现创业者自己的思考特征和制作目标，并发展其思考能力和提高其思考水平。通过运用思维导图法可以大大提高创业者的思考能力。

（3）有利于激发创业者的丰富联想力。思维导图可以把哲学层面的许多思考方式毫无障碍地表现出来，包括思考的连续性、思考的深刻性、思考的批判性、发散性思考、联想思考、类比思考、形象思考、灵感思考、辩证思考等，所以它可以大大提高创业者的哲学思考水平和将哲学方法论运用在农村创业实践活动的能力。

2. 思维导图的主要应用场景

（1）制订计划。思维导图可以应用于计划的制订，包括创业机会选择计划、创业组织管理计划、创业资源整合计划。计划可以按照时间或项目划分，将繁杂的日程整理清晰。

（2）记录笔记。传统的笔记记录大篇的文字，内含众多无用的修饰词，不易找出关键点，思维导图记录笔记将大篇幅内容进行拆分，便于找到从属关系，也便于理解与记忆，可以帮助创业者发现问题、解决问题。

（3）图表展示。思维导图简洁的表述方式可以更快速、更清晰地将创业者的思路进行传达，使被传达者更容易理解创业者要传递的内容。

3. 思维导图的应用步骤（以 MindManager 为例）

（1）创建思维导图。打开 MindManager 将自动新建一个 Central Topic，即中心主题。单击该主题，直接输入文字，可更改思维导图的名称。

（2）添加思维导图主题及子主题。按 Enter 键可迅速添加主题。添加主题的方式还有：①双击屏幕背景；②单击左上角快速访问工具栏主题按钮"添加主题"；③使用中心主题上的加号；④右键单击中心主题，选择"插入"→"主题"。如果还需要添加下一级内容，可以创建子主题，添加方式有：①单击快速访问工具栏"新建子主题"按钮；②使用 Ctrl+Enter 组合键；③使用主题上的加号。

思维导图法

（3）添加主题信息，如图片、链接、备注等。单击功能区"插入"选项卡中的工具，可以为主题添加超链接、附件、备注、图片、标签、提醒及指定任务信息等信息。也可以右键单击主题，选择需要的主题元素添加到思维导图。

（4）添加主题信息之间的可视化关系。单击功能区插入菜单中的工具，插入导图对象或者标记，可以为主题添加特殊标记来对主题进行编码和分类、使用箭头展现主题之间的关系、使用分界线功能环绕主题组或者使用图像说明导图。也可以右键单击主题，使用相关命令。

（5）思维导图格式化。单击功能区"设计"选项卡和"格式"选项卡，使用样式、格式及字体调整整个导图的格式。

（6）审核思维导图及最终定稿。最终确认导图内容的拼写检查、检查导图中的链接及编辑导图属性，并保存导图。

（7）分享思维导图。保存思维导图后可以使用"文件"选项卡导出功能，将最终定稿的导图导出为原始格式、图片格式或者PDF格式的文件发给项目、部门或者公司的其他成员，也可以演示、打印导图，以其他格式导出导图，或者创建一组网页。

实践活动

活动背景：MindManager是一款简单却又很有效，同时又很高效的实用性思维工具。该软件可运用图文并重的技巧，把各级主题的关系用相互隶属与相关的层级图表现出来，将主题关键词与图像、颜色等建立记忆连接。每一个关节点代表与中心主题的一个连接，而每一个连接又可以成为另一个中心主题，再向外发散出成千上万的关节点，呈现出放射性立体结构，而这些连接可以视为制图者的记忆，就如同大脑中的神经元一样互相连接，也就是制图者的个人数据库。

活动目标：结合导入案例和思维导图使用方法，运用 MindManager 设计一个思维导图，用来梳理自己创业的路径选择，为创业提供有力的分析手段。

活动时间：20分钟。

活动步骤：

（1）划分小组，采用随机的方式进行分组，每组以4～6人为宜。

（2）老师布置任务：讲述农民创业的影响因素，由内外部影响因素延展至具体农村创业影响因素，并让学生设计思维导图、梳理创业路径。

（3）思维导图设计要包含以下两个方面：

①搜寻农村创业具体影响因素和创业条件，包括社会资本、人力资本、创业风险、资金约束、政策管制等，制定逻辑框架。

②根据思维导图应用步骤填充内容，进行小组内图表展示并讨论思维导图方法在梳理农村创业路径中有何优缺点。

（4）各小组进行优秀思维导图分享，老师进行点评总结。

单元总结

本单元分别介绍了帮助农村创业者思考创业的四种方法：头脑风暴法、5W2H法、访谈法、思维导图法。创业思考可以更有效地促进农村创业活动的顺利开展和管理效率的提升。通过本单元的学习，希望同学们对以上四种创业思考方法的概念、内容、基本流程有全面的认识，并在未来的创业过程中，掌握这四种方法，为创业活动提供创意与创新。

农村创业资源拼凑

资源一体化

课后训练

活动背景：

"老好人"的返乡创业扶贫路
——镇赉县老郝仁食品公司总经理郝会春返乡创业记

郝会春，经历过人生的风雨坎坷，尝尽了务工的苦辣酸甜，返乡后成功创业，更在家乡的扶贫路上努力实现人生梦想。

郝会春在创办公司前，先是回乡实地走访了村里的创业条件，通过和村里乡亲们的聊天和与相关机构交涉，在家乡镇赉县镇赉镇二龙村的小三合屯成立了占地面积近4000平方米的老郝仁食品公司。下决心大干一场的郝会春为此出售了自家全部房产，加上多年积蓄，共筹资500多万元，用于800平方米葵花籽生产车间、1500平方米晾晒场地以及黏豆包包装车间、冷库、办公区和成品库等的基础建设，并安装了炒货机、风冷机床、风选设备、真空设备、提升机、喷码机、封口机、蒸煮箱、搅拌机等机械设备及全自动包装生产线。

公司成立初期，郝会春通过和他组建的创业团队成员探讨、各自发表意见、最后进行意见汇总，确定了公司的主要产品：原味瓜子、糯玉米、东北黏豆包等。在创造经济效益同时，还带动了周边村镇农民扩大了自家菜园种植绿色玉米、糯米和葵花等农作物的产量。2019年年初，公司与农户签订了绿萝卜、黏玉米回收订单，有效增加了农民收入。两年来，公司常年务工人员6人、不定期务工人员50多人，带动400多户贫困户增收脱贫。50岁的村民李猛由于耕地少、体弱多病致贫，通过在公司务工，足不出村就有了稳定收入，他从心里感谢郝会春这个实实在在的"老好人"。

（案例来源：中国农村创业创新信息网—《全国农村创新创业带头人典型案例——郝会春》，2020年6月。编者进行了整理和删减。）

活动目标：结合案例，分析农村创业方法在创业过程中的实用性，以及在创业过程中还有哪些地方可以改进。

活动时间：30分钟。

活动步骤：

（1）划分小组，采用随机的方式进行分组，每组以4~6人为宜。

（2）根据案例中内容，分析郝会春运用了本单元的哪些创业思考方法，以及使用的方法的创业成效。结合5W2H分析法，制作一个包括郝会春创业要素和创业方法的思维导图。

（3）小组间进行思维导图的交流学习，老师进行点评总结。

单元3
分析创业资源

农村创业是一种需要创业者创业组织运用人、财、物等资源的思考、判断、决策、执行的行为。本单元详细介绍农村创业者如何对创业资源进行识别、判断和评估,并通过合适的途径寻找创业资源,运用专门的方式对创业资源进行整合与创造性利用。

学习完本单元后,希望同学们做到:
①认识资源影响因素。
②了解农村创业资源。
③掌握资源整合途径。
④熟悉资源创造性利用。

任务 1
明确资源影响因素

案例导入

大学生李闪闪回乡养鸭

温州科技职业学院毕业生李闪闪是一个农家子弟，家境贫寒。父母希望他毕业后能找一份体面的工作，但他一直想回家乡做一番事业，带动乡亲致富。当他向父母提出回乡创办星荣家禽专业合作社的时候，父母说："大学毕业了，为什么不去企业就业或者去考个农技员之类的，环境好，也体面，干嘛非要回家来养鸭、养猪，干这么脏这么累的活？"

后来父母同意了，但是紧接着而来的问题是缺少资金。当地的团县委知道这一情况后，帮忙联系了村镇银行，给了他10万元的贷款，初步解决了启动资金问题。

养鸭不容易，刚运来的雏鸭非常脆弱，要用煤炉给它们加热。那个时候已经是夏天，天气很热。室外的温度有35℃左右，鸭舍内已经超过40℃，李闪闪每天冒着酷暑照料鸭子。有一次，鸭子突然生病了，李闪闪给它们打针吃药也不见好转。后来，温州科技职业学院动物科学系的老师、专家及时给予了技术指导与帮助，治好了鸭子的病。目前，李闪闪的合作社现存栏番鸭2万多只、母猪34头、公猪1头。年出栏8万余只番鸭、生猪百余头，年产值逾300万元。

"我在大学里学的就是畜牧兽医专业，我可以用专业技术来养殖番鸭、生猪。另外，因为经过大学学习，我进一步懂得了如何管理鸭场、猪场和合作社，也懂得如何控制成本、如何营销产品。"李闪闪的下一个目标是把番鸭养殖合作社发展成多元化的养殖企业，在农村的广阔天地里实现自己的梦想。

（案例来源：豆豆文库-《大学生农业创业实例—大学生李闪闪回乡养鸭》，2022年11月。编者进行了整理和删减。）

分析思考

（1）大学生李闪闪是如何在创业资源短缺的情况下开展农村创业活动的？
（2）结合案例思考创业资源影响因素有哪些。

知识锦囊

明确创业资源的影响因素是创业团队在创业初期获取创业资源的一个重要环节。创业资源的影响因素主要包括以下三方面：第一，创业导向；第二，创业者特质；第三，创业社会网络。这三方面对创业团队获取资源的影响最大，在创业过程中应当尤其注意。

1. 创业导向

创业导向是创业者或创业组织解决问题、响应环境变化的一系列相关活动，在创业活动中的具体表征包括创业团队的创业理念、创业宗旨、创业方向等。具备好的创业导向的创业者或创业组织更有机会在市场变化和产业变革中抢占先机，赢得市场，获取成功。有更大可能成功的创业者或创业组织，会更加容易获得创业资源，得到投资者的投资。创业导向可分为多种维度，包括创新性、风险承担性、前瞻性与竞争积极性等。

2. 创业者特质

创业者特质包括创业者的受教育程度、创业者的性格、创业者的创业经验积累等。创业者的受教育程度越高，一般来说，其机会开发能力就越强。同时，创业者的性格对农村创业的成败至关重要。此外，拥有创业经验的创业者在不确定性和竞争压力下，运用先前创业经验做出有利于本次创业活动的判断，更容易获得有价值的创业机会，从更多途径获取到创业资源。很多时候，创业者获得创业资源是由于自身具备的独特魅力打动了投资者。

3. 创业社会网络

创业社会网络包括社交关系网络与营销网络。创业社会网络有助于提供创业组织正常运转所需的各种资源。社交关系网络能通过促进信息传递的方式，有效降低创业者或创业组织的交易成本，助其获得与其需求相匹配的资源。因此，社交网络对于创业资源的获取具有重要意义。同时，在销售产品的过程中，创业者或创业组织需要强大的营销网络作为营销平台。这一营销网络同样有助于创业资源的获取。

实践活动

活动目标： 参照案例导入中的案例进行分析，除了以上三点是否还有别的因素也对创业资源获取影响较大。

活动时间： 20分钟。

活动步骤：

（1）划分小组，采用随机的方式进行分组，每组以4～6人为宜。

（2）根据案例，老师引导同学进行创业资源中其他影响因素的探析。

（3）讨论要包含以下两个方面：

①小组成员分饰创业组织成员进行案例讨论，总结出创业资源的种类有哪些。

②说出影响创业资源的影响因素在创业的实际应用中还有哪些作用。

（4）小组代表发表看法，老师进行点评总结。

(番鸭)

(生猪)

任务 2

识别农村创业资源

案例导入

大山里的石头"致富经"

王京光,贵州省盘州市共赢石业有限公司经理。在2011年年底,王京光瞄准当地无人涉足的饰面石材产业,建起了一个小型的工厂。王京光做的是本地灰色大理石生产,可当时流行的是白色石材,王京光的灰色石材之路走得磕磕绊绊。由于资金不足,生产一度陷入停滞。为走出困境,王京光带领23名员工花了一年时间在全国各地到处奔走。功夫不负有心人,终于迎来了一个又一个订单,生产经营得以维持并扩大,并在2015年注册成立了共赢石业有限公司。

"当年乡党委给我提供了资金和政策扶持,帮我建起了瓷粉厂。所以2015年成立石材公司时,我毫不犹豫地把它命名为'共赢'。"2018年,王京光想到了抱团发展,与盘州市马场永红养殖有限公司、盘县马场前进养殖有限责任公司共同建立英武镇马场非公企业第二联合党支部,他任党支部书记。联合党支部带动周边村寨23人就业,人月均增收1万元以上。王京光本人向英武镇捐赠10.6万元用于环境治理,

向发业嘎村捐款捐物近53万元用于发展农业产业,向滑石板村捐赠10万元用于建设小康菜园……

(案例来源:中国农网-《大山里的石头"致富经"——记贵州省盘州市共赢石业有限公司经理王京光》,2022年4月,作者:余成飞、刘盘云等。编者进行了整理和删减。)

分析思考

(1)王京光是如何解决创业资金不足的问题的?
(2)思考王京光能够利用或获取的创业资源有哪些。

农村创业者在实施创业项目之前,要筹集并获得必要的资源。资源是在向社会提供产品的过程中,所拥有的或能支配的用以达到创业目标的各种要素以及要素组合。创业过程实际上就是创业者筹集、整合和拓展资源的过程,是创业者对创业资源重新整合,以获得竞争优势的过程。

1. 核心资源与非核心资源

根据资源基础论,可将农村创业资源分为核心资源与非核心资源。在农村创业过程中,要学会识别核心资源,在立足于核心资源的基础上发挥非核心资源的辐射作用。

(1)核心资源。

核心资源是农村创业资源中最重要的,在创业项目中具有突出优势的资源核心资源的明晰、获取和充分利用是创业机会识别、机会筛选和机会运用几大阶段的主线。核心资源主要包括技术、管理和人力资源。

①技术资源。技术资源是一种积极的机会资源。它在农村创业初期起着最关键的作用。第一,创业技术是决定农村创业产品的市场竞争力及获利能力的重要因素;第二,创业技术的核心程度影响着所需农村创业资本的大小;第三,是否具有独特的核心技术影响着农村创业组织能否在市场中取得成功。对于农村创业团队来说,主动寻找并引进具有商业价值的科技成果,是农村创业团队的核心竞争力所在。创业企业的首要任务就是寻找一种成功的创业技术。

②管理资源。管理资源即农村创业者资源,代表着农村创业团队的领导人本身对机遇的识别、把握能力和对其他资源的整合能力。这些能力都直接影响农村创业的成败。管理资源对农村创业组织的成长有着十分重要的作用。

③人力资源。人力资源是一个农村创业组织创新的源泉,是组织的财富。创业企业的发展过程中,需要不断地发现、挖掘高素质专业人才,为企业注入新的活力。人力资源不仅指创业及团队的特点和知识、激情,还包括创业者及拥有的团队、能力、意识、社会关系、市场信息等。

(2)非核心资源。

非核心资源主要是指农村创业团队所需的资金、场地与环境资源。非核心资源在农村创业过程中有着同样重要的作用。

①资金。资金是农村创业者在创业过程中整合资源的重要媒介。对于农村创业者来说,创业过程中筹集并投入一定的资金,不仅是创业活动得以开展的基础,还有助于筹集社会资源。资金包括创业需要的启动资金、创业转型或发展所需要的再次融资。

②场地。创业组织在选择场地时,要考虑到多方面的因素。良好的场地能够大幅降低企业的运营成本,为组织提供便利的生产环境与经营环境,更能帮助组织在短期内积累更多的顾客或质量好、价格低廉的供应商。

③环境资源。一方面,要完善地方立法、执法,加强地方政府部门的信息公开化、透明化,打造公平、清正的营商环境。营商环境法治化建设是一个漫长、系统的过程,需要整合政府部门、社会各界人士的资源,协调同步发展。另一方面,要从乡村创业氛围入手,形成乡村创业故事汇,通

过成功创业者的交流分享，帮助识别优质的创业机会，整合创业资源，形成良好的乡村"创文化"氛围。

2. 内部资源与外部资源

从控制资源的主体角度，可以将农村创业资源分为内部资源和外部资源。要学会将内部资源与外部资源相结合，只有这样，才能实现农村创业资源的最优组合，才能够最充分地利用创业资源。

（1）内部资源。

内部资源来自农村创业团队的内部积累，是农村创业者自身所拥有的可用于创业的资源，具体包括创业者个人或创业团队具有的知识技能与核心技术、创业团队所拥有自主支配权的生产资料、创业者自身拥有的可用于创业的自有资金、创业者所拥有的创业机会信息及创业者的才能。

①拥有的资金。农村创业团队拥有的资金，不仅属于创业的核心资源，更属于内部资源。资金是一种速动性资产，既可以迅捷地换回新创企业所需的各种其他资产，也可在其他资产难以快速兑现的情况下发挥应急作用。

②知识资产及技术专长。农村创业者或农村创业团队所拥有的、有价值的知识性成果被称为知识性资产，包括已经获得的各类知识产权，例如专利、软件著作权等。在知识经济形态下，知识性资产和技术专长是农村创业团队的创业基础，代表着农村创业团队的核心竞争力。

③关系网络。关系网络是农村创业者或农村创业团队所拥有的各种社会关系的总和，包括农村创业者的个体网络及农村创业企业的组织关系网络，例如已有的客户资源、稳定的合作伙伴等。这些关系网络有助于农村创业团队进行市场拓展，为新创企业的初期创建及其后续发展奠定良好的基础，为新创企业的发展提供更为坚实的支持和保障等。

④营销网络。农村创业的成功与强大的营销网络是分不开的。营销网络是重要的创业资源之一。农村创业团队无论是销售自己生产的产品，还是销售别人的产品，都需要强大的营销网络作为营销平台。

（2）外部资源。

外部资源则更多来自外部的机会发现，在创业初期起着重要的作用。农村创业团队在创业初期面临着资源不足的重要问题。一方面，农村创业组织的创新与成长必须消耗大量资源；另一方面，创业组织由于自身还很弱小，没有实现资源自我积累与增值的途径。因此，农村创业团队需要识别机会，从外部获取充足的创业资源，实现自身的快速成长。外部资源主要包括：

①市场。市场是农村创业项目得以产生、生存并发展的基础，是农村创业者正确决策的重要信息依据，是适时调整创业思路的基础。在千变万化的市场经济中，农村创业团队需要及时搜集尽量完备的农业市场信息，否则就会因信息滞后而处于竞争的劣势。另外，在创业市场上首先获得客户认同、较早占据市场的新创企业具有更大的优势。消费者容易形成品牌忠诚度，为市场先行者带来更稳定的客户支持。因此，农村创业团队需要及时收集市场信息，努力开拓市场资源，积极争取获得更多的客户认同。

②政策信息。政府政策对创业活动的支持主要体现在按照创业企业衍生及发展的需求，提供必要的优惠和支持，包括税收、注册等方面的支持。例如，国家为补齐乡村经济落后短板，一直关注

农业现代化问题,很早就认识到农村地区的就业和创业困难,在国家倡导实施的乡村振兴战略中,要求加快农业转移人口市民化,促进农村一二三产业融合发展,支持和鼓励农民就业和创业,建立健全城乡融合发展体制机制和政策体系。

活动背景:

邵武市大竹镇吴坑村村民赵许能,在外创业成功后,又返回家乡种植中草药,带领村民一同致富。赵许能说,最初他种植中草药的举动并没有得到乡邻的理解,认为他是在瞎折腾。可是,村民的质疑,并没有打消赵许能创业的念头。摸着石头过河的赵许能在邵武市农业、林业等部门和大竹镇党委政府的协助下,进行市场调研;开始认真摸索、实验,并请教相关技术人员,招募专业高素质人才;通过多渠道进行资金筹集,为创业筹备启动资金。最终,他组建了一支专业且高素质的创业团队。

有了技术和资金支撑后,2017年,赵许能又组织成立了红坈中草药专业合作社,带领20多名村民加入合作社一同发展中草药种植,规模也扩大到400多亩。不仅如此,赵许能还购买先进设备,并引进技术对中药材进行了深加工,不断对团队中的成员进行培训,开发出黄精果、黄精茶等养生产品,真正形成了育苗、播种、采收、产品加工等为一体的完整产业链。

（案例来源：中国农村创业创新信息网－《全国农村创新创业带头人典型案例——赵许能》，2020年5月。编者进行了整理和删减。）

活动目标： 根据上述案例总结农村创业项目所需资源清单明细，并用思维导图的方式呈现出来。

活动时间： 20分钟。

活动步骤：

（1）划分小组，采用自愿组合的方式进行分组，每组以4~6人为宜。

（2）根据知识锦囊中的资源分类设计出资源框架，老师点评后进行小组讨论。

（3）讨论要包含以下两个方面：

　　①核心资源和非核心资源分别为哪些？

　　②在农村创业项目最具特色的资源是哪一类？

（4）小组代表发表看法，老师进行点评总结。

任务 3

明晰资源整合途径

案例导入

杜正辉:"农民创业园"里的致富带头人

杜正辉是赵河社区的一位普通农民,提起他的名字,三里五村的人都会由衷地伸出大拇指来。他年轻时经常做点小生意赚点钱补贴家用,卖过豆腐、面条等。遇到家庭困难的农户,他总是不收钱或是收个本钱,他总是说:"算了吧,下次一起算账。"

2017年,由于国家政策支持,杜正辉成立了正刚农业种植合作社,搞土地流转进行高效种植,同时,吸纳具有劳动能力的脱贫户在合作社务工、补贴家用。经过几年来的辛勤劳作,种植规模由开始的几十亩土地发展到现在的300亩,每年能赚好几十万元。作为村里的种植大户,他致富不忘

乡邻，充分发挥"传、帮、带"的作用，采取"公司+合作社+农户"的模式，打造"订单种植+保底收购+协议销售"产业链，引导困难群众参与产业发展，规避了农产品卖不出去的风险。

（案例来源：中国农网-《杜正辉："农民创业园"里的致富带头人》，2022年1月，作者：马辉、王帅杰。编者进行了整理和删减。）

分析思考

（1）杜正辉采取什么措施规避了农产品卖不出去的风险？
（2）杜正辉是如何将农户和消费者联系起来，带动产业发展的？

知识锦囊

农村创业需要资源整合。资源整合就是一种交换、共享，目的就是创造与合作者的共同利益，产生共赢效果。农村创业初期依靠个人能力去冲击市场，力量是有限的，只有通过资源交换和合作，才能会创造出新的竞争优势，弥补各自创业组织的短板，相互放大各自的价值，做到共生与共赢。创业资源的整合主要包含合资经营、业务外包、资源共享、联合研发四个方面。资源整合模型如图3-1所示。

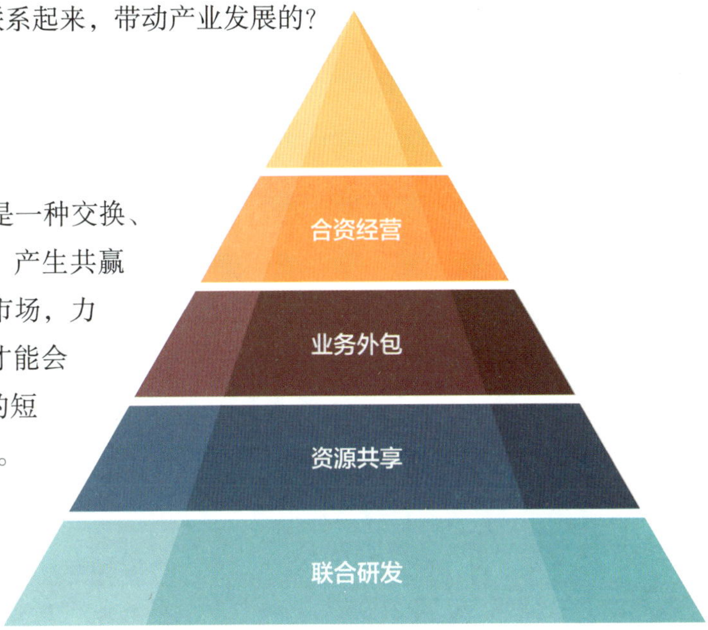

（1）合资经营。

合资又称合营，是指创业组织通过合资经营的方式将各自的资源整合在一起，共同分享利润，共同承担风险。农村创业组织可以和科技水平较高的企业进行合资经营，来学习先进的技术，提高企业竞争力。

图3-1 资源整合模型

（2）业务外包。

业务外包又被称为资源外包，是指创业组织在拥有合同的情况下，将一些非核心的、辅助性的功能或业务外包给外部的专业化厂商，利用它们的专长和优势提高组织的整体效率和竞争力，从而达到降低成本、提高效率、充分发挥自身核心竞争力、增强组织对环境的迅速应变能力的一种管理模式。

（3）资源共享。

资源共享就是把属于本组织的资源与其他企业共享。其共享方式既可以是有偿的，也可以是无偿的。资源共享一方面可以充分利用现有资源提高资源利用率，另一方面可以避免因重复建设、投资和维护造成的浪费，是实现优势互补和高效利用的重要举措。

（4）联合研发。

新产品的开发是个复杂的过程。从寻求创意到新产品问世往往需要花费大量的时间，而市场环境的复杂多变又使新产品开发上市的成功率极低。组织间共同开发并提供新产品时，可以利用共同的资源，进行技术交流，减少人力资源闲置，节省研究开发费用，分散研发风险，共同攻克技术难题。

实践活动

活动背景：

近年来，我国小龙虾消费市场持续放大，产业链已从最初的"捕捞＋餐饮"发展成为集"苗种繁育、健康养殖、加工出口、餐饮物流、节庆文化"于一体的产业集群。当地各养殖户通过合资经营的方式将各自的资源整合在一起，充分利用各自拥有的资源提高资源利

用率，实现优势互补、降低成本的目标。达到规模的养殖户有些选择将基本的养殖业务外包出去，通过寻找专业团队进行联合研发，形成具有特色和知名度的当地小龙虾品牌。2021年，我国小龙虾产业总产值就已达4221.95亿元。其中，养殖业产值823.44亿元，二产以加工业为主，三产以餐饮为主，一二三产产值之比约为2∶1∶7。

（案例来源：《农民日报》-《特色产业拓宽农民增收路》，2022年12月，作者：王壹。编者进行了整理和删减。）

活动目标： 根据活动背景中的案例，分析我国小龙虾产业在实际创业中有哪些资源整合的途径。

活动时间： 20分钟。

活动步骤：

（1）划分小组，采用随机的方式进行分组，每组以4～6人为宜。

（2）根据知识锦囊中的资源分类，设计出资源框架。

（3）讨论要包含以下两个方面：

①根据四种资源整合途径的特点来分析农村创业类型适合的资源整合途径，并说明理由。

②各小组总结，对案例进行点评，使用头脑风暴法分析资源整合的四项途径是如何促进我国小龙虾产业发展的。

（4）小组代表发表看法，老师进行点评总结。

任务 4

学会资源创造性利用

案例导入

黄继青：从"小白"成长为新农人

2019年春节，回乡过节的黄继青无意中得知一个消息：江东镇正大力推进撂荒耕地复耕复种，他所在的下湖村也实施了土地复垦计划。这一下子引起了黄继青的兴趣。他发现，这片土地就在韩江边，因长期没有复垦农耕而失收撂荒。于是，村里把分到各家各户的零碎土地集约起来，铲平荒地、兴修水利，计划引入企业或合作社，盘活这片土地。

"没准我可以试试。"黄继青脑子里冒出了这个念头。说干就干。他很快与另外4名村里的年轻人合资成立了溪东合作社，通过承租方式流转了下湖村513亩土地，准备大面积种植水稻。

与此同时，他们请来水稻种植经验丰富的行家里手担任生产技术主管，帮助他们提升种植技术。2019年年中，在下湖村的支持下，合作社成为该村水稻"一村一品"项目承担单位，添置了收割机、烘干机、碾米机等新型农业机械，并利用建设"一村一品"特色农产品专业村的契机，打造100亩高标准优质水稻种植示范基地。

这一次，他们获得了好收成，一亩地达到1000斤左右的产量。他们还把稻米加工成"江东大米"产品，一亩地利润最高能达600元左右。尝到发展农业的甜头之后，黄继青和伙伴们又陆续在江东镇流转土地。截至2021年年底，已完成该镇1709亩农田的整合、复耕。

（案例来源：《南方日报》《潮州青年黄继青返乡创业推动家乡土地流转让撂荒地变身农旅乐园》，2022年8月，作者：杨可。编者进行了整理和删减。）

分析思考

（1）黄继青能够顺利开展水稻规模种植的原因有哪些？
（2）黄继青是如何善用资源整合技巧从事水稻种植的？

 知识锦囊

创业资源的获取对创业者来说很重要，创业资源如何最大限度地发挥它的作用为创业组织带来收益也是至关重要的。创业者要从善用资源整合技巧、发挥资源杠杆优势、学会有限资源最大化利用三个方面来努力，学会创造性的利用资源。

1. 善用资源整合技巧

农村创业者将已有的创业资源进行拼凑，加入一些新的创业元素，与已有的创业元素重新组合，形成在资源利用方面的创业目的和创新行为，就是善用资源整合的技巧之一。农村创业者突破环境、市场等资源的约束，积极主动地突破资源传统利用方式的约束，利用手头已有的资源可以更快地形成创业目标，产生新的创业行为和价值。例如"五彩稻田"创业项目，该农村创业团队就是将本来就有的稻子和土地资源进行整合，根据稻子的外观差异，在种植时精心布局，这样在稻子成熟时，整片稻田就会形成特定的图案，以此来吸引城市居民前来观光旅游，发展乡村旅游业。他们创业的成功就是将已有的资源进行改造利用，从而使其产生出新的价值。

2. 发挥资源杠杆效应

尽管存在资源约束，但创业者并不会为当前起支配或控制作用的资源所限制。成功的创业者善于利用关键资源的杠杆效应，利用他人或者别的企业的资源完成自己创业的目的，例如可以将自己所拥有的技术作为本金，进行技术入股来实现创业团队的组合，这样就解决了自己在资金上的短缺所造成的创业限制。因此农村创业者要善于发现自己所具有的资源优势，学会用一种资源补足另一种资源，产生更高的复合价值，或者利用一种资源撬动并获得其他资源。

3. 学会有限资源最大化利用

首先，要求提高资源的利用效率，在创业团队初创时应该将资金多用在可以产生经济效益的地方，切勿将大量资金用在和直接生产无直接关系的其他地方，以此来提高资源的利用率。其次，已经购置的设备和工具，不应该将其长期的搁置或者废弃，应该尽可能提高资源重复利用率，使其价值最大化。

 实践活动

活动背景：

位于北京市平谷区东高村镇的崔家庄村顺利入选第十二批"一村一品"示范村。前些日子，崔家庄村现代农业设施大棚内，农户们穿梭于一垄垄成熟的西红柿中进行采摘。一个个成熟的西红柿果晶莹剔透，静静地垂挂在绿叶之中，十分诱人。

崔家庄村已有20多年的西红柿种植历史。"2002年开始，大家利用盐碱地适合西红柿生长的特性，尝试发展设施农业种植西红柿。冬天村里种植了50个大棚的西红柿，一茬产量25万余斤。"

崔家庄村党支部书记张海友说。

在提升产量的同时，崔家庄村最大化进行资源整合，积极发展乡村旅游业，吸引城市居民前来观光旅游，同时将其拥有的资源最大化利用，提升引进的设施农业种植的使用率。"一村一品"示范村镇认定工作有效带动了产村、产镇融合发展，形成"一村带数村，多村连成片"的发展格局。

（案例来源：《农民日报》-《特色产业拓宽农民增收路》，2022年12月，作者：王壹。编者进行了整理和删减。）

活动目标： 结合活动背景中的案例所提供的创业资源利用技巧，分析现在农村创业者在创业过程中普遍存在的资源利用方面存在的问题，并有哪些改进措施。

活动时间： 20分钟。

活动步骤：

（1）划分小组，采用随机的方式进行分组，每组以4～6人为宜。

（2）老师讲述可利用的资源技巧和步骤，起到启发的作用。

（3）讨论要包含以下两个方面：

①如何创造性地利用创业资源，促进创业项目决策？

②在利用创业资源时，还有哪些技巧和策略？分析农村创业者在创业过程中的资源利用方面还存在哪些问题？有哪些改进措施？

（4）小组代表发表看法，老师进行点评总结，掌握创业资源管理的技巧和策略。

单元总结

本单元主要围绕明确资源影响因素、识别农村创业资源、明晰资源整合途径、学会资源创造性利用四个任务来展开，帮助农村创业者学会利用资源实现创业目标。农村创业者通过合适的途径寻找创业资源，运用专门的方式对创业资源进行整合与创造性利用，这对其取得创业成功至关重要。通过本单元的学习，希望同学们能够对创业资源的识别和获取有深入的了解，更好地将自己拥有的创业资源进行合理开发利用。

课后训练

活动背景：

冬日里的湖南益阳赫山区泥江口镇依旧满目青翠，万亩楠竹随着山势起伏。依托丰富的竹林资源，泥江口镇将竹筷产业打造成产业兴旺的实践样板，成功入选2022年全国农业产业强镇创建名单。

泥江口镇通过引导传统竹制品走外贸销售的新路子，逐渐形成了一个以竹筷龙头企业抱团发展的产业聚集区。探索出"公司＋农户"的原材料供应模式、"工业＋贸易"企业经营模式、"集团＋合作社＋竹农"竹林培育模式等多种业态。

截至2022年，泥江口镇有竹制品规模企业17家，一般纳税人资质竹筷企业47家，竹笋企业4家，作坊式小微工厂60多家。销售总额10.07亿元，缴纳税收1815万元，出口创汇5850万美元。竹笋产品遍布全国，竹筷产品出口欧洲、美洲、亚洲等62个国家和地区。

"下一步，我们将以国家级农业产业强镇创建为契机，优化竹产业布局，聚集资源要素，从竹制品生产、加工到外贸销售等多个环节不断强化创新引领作用，做大、做强竹业龙头企业，做专、做精竹产业园区，做美、做旺特色村庄，做优、叫响乡土品牌，壮大新型经营主体，完善利益联结机制，着力建成产业链条融合、创新创业活跃、三次产业协同发展的乡村振兴产业高地。"陈天峣说。

（案例来源：《农民日报》-《特色产业拓宽农民增收路》，2022年12月，作者：王壹。编者进行了整理和删减。）

活动目标： 结合案例，分析在农村创业的过程中如何识别创业资源以及创业资源途径，在创业过程中还有哪些资源可以进行创造性利用。

活动时间： 30分钟。

活动步骤：

（1）划分小组，采用随机的方式进行分组，每组以4～6人为宜。

（2）根据案例中内容，分析案例中泥江口镇的农户们运用了本单元的哪些资源整合途径，怎样进行资源最大化利用的。分析完后，请思考农村创业者在创业过程中如何对创业资源进行更好的结合和改进。

（3）小组间进行交流学习，老师进行点评总结。

单元 4
开发农村创业产品与服务

开发农村创业产品与服务是通过多种元素的组合（生物资源、自然资源、技术资源、信息资源等）把农村创业产品和服务以有形或无形的形式展现出来，是一个资源利用和信息处理的创造性过程。本单元主要介绍农产品（农村服务）的分类与开发特征、开发流程和开发趋势与不足。

学习完本单元后，希望同学们做到：

①了解开发农产品（农村服务）的相关概念。

②熟悉农产品（农村服务）开发流程。

③掌握农产品（农村服务）开发的特征、不足和发展趋势。

任务 1 理解农产品（农村服务）的分类与开发特征

案例导入

四川省金堂县以特色小镇建设为依托全力打造乡村振兴新示范

金堂县按照成都市委、市政府提出的"公园城市的乡村表达"理念，积极探索，先行先试，通过深化农村土地、集体产权、利益联结等重点改革，按照生态、业态、形态、文态"四态合一"的发展思路，采取以下三种做法走乡村振兴之路。

首先，以宅基地改革为重点，推进集体建设用地入市交易，保障特色小镇建设用地需求；其次，以放活经营权为突破口，推进农村土地适度规模经营，夯实特色小镇产业发展基础；最后，以股份量化为核心，实施集体资产股份化改革，完善特色小镇与集体经济利益联结机制。

金堂县通过集体资源联动政府资源，再以政府资源撬动社会资本发展农商文体旅融合产业，推动乡村资源变资产、资金变股金、农民变股东，打造了一批以淮口橄榄小镇、竹篙菌乡小镇、五凤山江小镇为代表的产业特色鲜明、体制机制灵活、人文气息浓厚、生态环境优美、多种功能叠加的特色小镇新示范，走出了一条具有金堂特色的城乡融合发展、乡村振兴之路。

（案例来源：中国农村创业创新信息网－《金堂县以改革为突破特色小镇建设为依托全力打造乡村振兴示范》，2020年10月。编者进行了整理和删减。）

分析思考

借鉴金堂县经验，分析要想提高农产品经济效益，怎样才能保证生产的产品能够销售出去。

> 知识锦囊

发展农产品（农村服务）是将普通农户引入现代农业发展轨道的重要途径。随着现代农业加快发展，农业劳动力减少、老龄化问题日渐突出。发展农产品（农村服务），能够解决普通农户在适应市场方面的困难，有助于将农户小生产融入农业现代化大生产之中。

1. 农产品（农村服务）的概念及分类

农产品是指种植业、养殖业、林业、牧业、水产业生产的各种植物、动物的初级产品及初级加工品，如可食用的植物性食品、牲畜产品、植物油料、地方特色农产品和花卉等各类特色农产品。农村服务是指贯穿农业生产作业链条，直接完成或协助完成农业产前、产中、产后各环节作业的社会化服务。

（1）农产品的分类。

农产品按照加工程度、特殊程度、基因形成方式、传统和习惯等标准可以分为四类，见表4-1。

表4-1 农产品分类表

标准	类型
按照加工程度分类	分为初级农产品和加工农产品：初级农产品即种植业、畜牧业、渔业产品，不包括经过加工的产品，包括谷物、油脂、农业原料、畜禽及产品、林产品、渔产品、海产品、蔬菜、瓜果和花卉等产品。加工农产品是指必须经过某些加工环节才能食用、使用或储存的加工品，如消毒奶、分割肉、冷冻肉、食用油、饲料等。
按照特殊程度分类	分为普通农产品和名优农产品：名优农产品是指由生产者自愿申请，经有关地方部门初审，经权威机构根据相关规定程序，认定生产规模大、经济效益显著、质量好、市场占有率高，已成为当地农村经济主导产业，有品牌、有明确标识的农产品。名优农产品之外的农产品称为普通农产品。
按基因形成方式分类	分为转基因农产品和非转基因农产品：转基因农产品即利用基因转移技术、分子生物学的手段将某些生物的基因转移到另一些生物的基因上，进而培育出人们所需要的农产品。非转基因农产品是按照自然规律生产的农产品。
按传统和习惯分类	分为粮油、果蔬及花卉、林产品、畜禽产品、水产品和其他农副产品六大类。

（2）农村服务的分类。

加快发展农村服务，对于培育农业农村经济新业态，构建现代农业产业体系、生产体系、经营体系具有重要意义。农村服务分为以下三类：

① 基于农村第一产业的农、林、牧、渔相关服务业。

② 乡镇组织标准下除农林牧渔业、采矿业、制造业和建筑业以外的所有产业，如交通运输仓储业、批发零售业、住宿及餐饮业、社会服务业等。

③ 农村公共服务业。农村公共服务业主要由农村公共部门提供，如农村教育服务业、农村医疗卫生服务业、农村科技公共服务业等。

2. 农产品（农村服务）的开发特征

农产品开发包括新培育的农产品、改进的农产品、新的农产品品牌、新的产品线、产品线延伸或新定位产品等；农村服务相关的开发包括开发农村农业生产生活性服务、发展乡村旅游和挖掘乡村文化等。具体而言，农产品（农村服务）体现为以下四方面的特征，如图4-1所示。

（1）地域依赖性。

农业的开发主要是基于当地特定的资源条件，充分考虑本地适宜的生产规模、环境质量和所需资金、技术等要素，以扬长避短、因地制宜。随着科学技术的发展，农产品（农村服务）的资源和地域依赖性正在逐渐弱化，但若要保持开发过程中的竞争优势，创业者仍然要在很大程度上依赖特定区域的自然条件。

（2）生产规模性。

现代农业经济条件下，农产品单位价值含量不高，消耗量大，其生产效益与生产规模有很大的关联性。创业者在初期开发农产品或农村服务时，往往小规模、小区域进行试验，但要想开辟更大的市场就要以规模为依托，形成一定的产量优势。

图4-1　农产品（农村服务）开发特征

（3）利益紧密性。

农产品或农村服务的开发若以特定区域为条件，就会与当地农民产生密切关系。首先，开发过程中若涉及加工环节，加工组织需要充足的原料供应，农户需要稳定的农产品销售渠道。其次，在农产品资源丰富的地区建立工厂需要一定的人力物力，需要当地的经验丰富的劳动力和技术，因此加工组织与农户之间会形成比较紧密的利益联结关系，如社区支持农业、订单农业、"组织+基地+农户"等农产品和农村服务开发形式。只有创业者最大程度考虑农户利益，双方建立完善坚固的联系机制，才能最大程度实现双赢。

（4）质量保障性。

进入新时代，广大消费者已不再满足于温饱问题，而更加追求高质量的生活水平，在摄入上追求有安全保障且营养丰富的农产品。一方面,农产品和农村服务的开发更注重品牌建设,利用品牌的辐射能力将产品和农村服务内在价值呈现给消费者。另一方面,标准化生产也得到重视。在关注食品安全的价值理念下,推广有机产品、绿色产品和无公害产品,促进组织建立完善的农产品质量检验体系,并进行相关认证。

实践活动

全面开启云阳农产品流通及冷链物流产业

2022年7月15日,三峡智慧冷链(国际)物流港项目启动招商,并开展商家入驻集中签约活动,标志着项目建设取得了重大阶段性成果,全面开启了云阳农产品流通及冷链物流产业高质量发展新征程,为着力发挥云阳在成渝地区双城经济圈中的"节点作用",为加快推动万开云的同城化发展贡献力量。

(案例来源:华龙网-新重庆客户端-《三峡智慧冷链(国际)物流港项目启动招商全面开启云阳农产品流通及冷链物流产业高质量发展新征程》,2022年7月。编者进行了整理和删减。)

活动目标: 结合案例,围绕三峡智慧冷链物流港,创业者可以供给什么样的农产品?如何开发这些产品(例如依靠当地资源优势种植某类农产品)?

活动时间: 30分钟。

活动步骤:

(1)划分小组,采用随机的方式进行分组,每组以4~6人为宜。

(2)总结案例在农产品开发时立足于哪些特点,取得了哪些成效。

(3)小组代表发表看法,老师进行点评总结。

任务 2

规范农产品（农村服务）开发流程

案例导入

全国农村创新创业带头人典型案例——徐晓阳

以前，冬天往往是农民朋友最清闲的时节。如今，随着乡村振兴的深入推进，农村各项事业都发生了巨大变化，冬季也成为农民朋友增收的旺季。返乡创业的徐晓阳，他放弃了自己在城市里稳定的职业，毅然选择回村搞特色种植。

当时，徐晓阳回老家当农民、搞种植园的想法遭到家人强烈反对。面对父母的不理解，徐晓阳暗下决心，一定要闯出一片天。带着一股子韧劲，他开始了返乡创业。好运往往会眷顾一个努力的人，第一年，西红柿、草莓虽然产量不算太高，但徐晓阳赶上了好的市场行情，他赚到了自己创业的第一桶金。徐晓阳的创业之路并非一帆风顺。第二年，在西红柿即将收获时，一场暴雪给徐晓阳当头一棒。"没想到下了一场大暴雪，大棚塌了一个，损失了不少，当年也没赚多少钱，基本上都赔进去了。"痛定思痛，徐晓阳开始刻苦钻研农业种植技术，不断提升自己种植水平。

通过努力，徐晓阳创办的开心农夫种植园稳定发展、种植规模一年比一年大，水果品种也越来越多，经济效益也不断提高。徐晓阳介绍："有九个大棚种植各种水果、像西红柿、草莓、火龙果、桃子、梨、葡萄、苹果，等等，一年四季都能够采摘。"

乡村振兴，致富先行。放眼新时代，农村需要徐晓阳这样懂技术、有抱负的青年人。徐晓阳也凭借聪明的头脑和勤劳的双手，追寻着属于自己的梦想和幸福。

（案例来源：中国农村创业创新信息网-《全国农村创新创业带头人典型案例——徐晓阳》，2019 年 12 月。编者进行了整理和删减。）

> 分析思考

结合案例,分析徐晓阳应按照什么样的流程开发农产品,在每个环节应注意什么问题。

> 知识锦囊

农产品以及相关服务的创业发展需要一定的流程,本任务将在分析我国农村创业背景的基础上介绍农产品(农村服务)开发的流程,并运用系统分析的方法描摹开发流程。

1. 农产品(农村服务)开发的流程分析

开发农产品(农村服务)要着眼满足普通农户和新型经营主体的生产经营需要,立足服务农业生产产前、产中、产后全过程,而规范的农产品(农村服务)流程可以帮助农户达到增效增收的目的,如图4-2所示。

构思与设想 → 论证与筛选 → 描述与测试 → 计划与策略 → 经营与分析 → 生产与营销 → 反馈与改进

图4-2 农产品(农村服务)开发流程

(1)构思与设想。

洞察社会新需求,构思满足点。信息来源渠道多样,包括农产品中间商、供应者提供、亲朋好友建议、消费者意见、网络宣传和自我观察研究等。

(2)论证与筛选。

邀请专家或搜集信息进行论证,在构思好的设想中筛掉可行性不强和没有发展前途的设想,选择符合自身目标的和可得资源相协调的设想。

(3)描述与测试。

将构思好的设想进行完整设计,描绘产品或服务理念,用文字或图形、模型做出描绘,使其形成一种潜在的产品或服务形象。

(4)计划与策略。

制定农产品(农村服务)的初步计划,对确认好的农产品(农村服务)规划所需的各种资源,拟订营销策略,为日后投放至市场做准备。

(5)经营与分析。

估计分析该农产品(农村服务)的销量、成本与利润情况,以了解其是否符合自身组织的目标。

(6)生产与营销。

按照计划进行生产,用一定的品牌、包装和初步营销方案,小批量生产后上市试销。

(7)反馈与改进。

正式向市场推出试销成功的农产品或农村服务。根据市场对农产品(农村服务)的反馈进一步改进。

实践活动

"田保姆"拓宽增收路

孙贵芹是安徽省凤台县杨村镇孙庄村的一名普通农家妇女,丈夫常年在外务工,自己在家也不闲着,通过村里的土地托管方式流转60亩地,搞起了小型农场式种植,不仅走上了致富路,还摇身一变成了"开着小车种地"的新型农民。

徐怀彪是近年来凤台县培育的农业服务社会化组织领头人中的佼佼者,被县里授予"农机大王"称号,他的合作社也被评为全国农机合作社示范社。据徐怀彪介绍,2022年,他们合作社与周边农户签了3000亩水稻育秧订单,眼下正开足马力搞好秧苗生产。

保产量的同时,凤台县还进一步依托首个国家级农业标准化示范区和"马店糯米"国家农产品地理标志等优势,创建高标准现代农业产业园,大力推进无公害、绿色和有机优质粮食生产,建成绿色糯稻基地30万亩、优质专用小麦生产基地万亩片5个、千亩优质专用小麦订单生产示范片21个,"皖粮入川"精品粮输出逐年递增,"凤台糯米""马店糯米"等自主品牌多次获得省级以上金奖,打入"长三角"地区多个城市。

(案例来源:中华人民共和国农业农村部官方网站-全国信息联播-《"田保姆"拓宽增收路》,2022年4月。编者进行了整理和删减。)

活动目标:分析案例,列举出所提到的农产品,并选择其中一个农产品,对照开发流程,分析其开发过程。

活动时间:30分钟。

活动步骤:

(1)划分小组,采用随机的方式进行分组,每组以4~6人为宜。

(2)根据案例中内容,分析"田保姆"涉及农产品(农村服务)开发流程的哪几个阶段,是否有更完善的开发流程。

(3)小组代表发表看法,老师进行点评总结。

任务3

关注农产品（农村服务）开发趋势与不足

案例导入

广西凌云：三产协同发展 带动富民增效

小小的桑叶，在凌云县下甲镇成了富民大产业。该镇以"泗水缤纷"田园综合体项目建设为载体，引导平怀、加西、彩架3个村抱团发展种桑养蚕产业。"我们从传统的种桑养蚕，发展到养蚕体验、桑葚采摘、果酒酿造等新产业。"4月25日，平怀村党支部书记介绍，目前该片区养蚕791户，有桑园1.2万多亩，通过"一产带三产"，形成"种桑养蚕—休闲体验—田园观光"产业链。

做优特色产业，打造经济发展金招牌。该县依托丰富的资源优势，以"两叶一果一家禽"（茶叶、桑叶、水果、乌鸡）为主导，延伸发展其他县域特色产品，实现产业发展县域全覆盖。

做精农旅融合，打造经济发展新引擎。该县以"两园一山一古城"生态旅游产业为主导，强化资源整合、产品创新、产业集聚，培育壮大生态游、体验游、观光游等农旅融合产业。

（案例来源：中华人民共和国农业农村部官方网站－全国信息联播－《凌云：三产协同发展 带动富民增效》，2022年4月。编者进行了整理和删减。）

分析思考

如今的农业正在向多元化、产业化、高附加值方向发展，结合案例分析农产品发展过程中的开发趋势。

知识锦囊

1. 农产品（农村服务）开发的趋势

随着我国经济进入新阶段，人民生活步入小康，从追求数量型农业转变为发展质量型农业，是新经济时代的必然结果。结合当前农村经济发展状况，未来农产品（农村服务）开发的趋势包括以下几点，如图4-3所示。

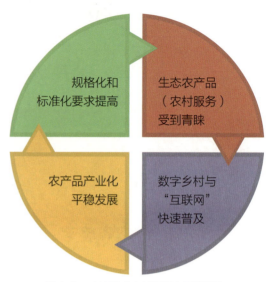

图4-3　农产品（农村服务）开发趋势

（1）规格化和标准化要求提高。

规格化，是对产品的内在使用性能和档次的要求。农产品规格一般是由政府权威部门或农业权威组织对农产品的档次进行的标准化规定，并通过食品标签制度，保证消费者对各种产品有一个判断和评价的依据。

标准化即在经济、技术、科学及管理等社会实践中，对重复性事物和概念通过制定、发布和实施标准，达到统一，以获得最佳秩序和社会效益。农产品要想进入现代化市场营销系统，就要遵循市场机制规则，进行规格化和标准化的整治。对农产品的开发提出规格化和标准化的要求，不仅可以保证消费者权益，还能促进组织本身向优质、高效和高产进步。

开发农村创业产品与服务拓展

（2）生态农产品（农村服务）受到青睐。

现代农业，即农业现代化，是把农业建立在现代科学的基础上，用现代科学技术和现代工业装备农业，用现代经济科学管理农业，用现代科学文化知识提高农民素质，创造一个高产、优质、低耗的农业生产体系和一个合理利用资源、能保护环境的、有较高转化效率的农业生态系统。这对保证消费者健康，维护品牌口碑都是至关重要的。

创业者只有依附现代农业进行农产品开发建设，才能有效建立高质量的农产品供应体系，同时保护和改善农村环境，促进农村经济的可持续发展。针对农村的农产品开发，需要把目光放在无公害化生产上，以开发无污染、安全、优质和营养的农产品为手段，通过优化栽培等技术，开发并生产出品质符合国家标准的安全农产品。

（3）数字乡村与"互联网+"快速普及。

互联网是农村农产品和服务开发的良好助推器。由于互联网裂变渠道多，传播速度快，能够超越以往传统的销售和开发通路。利用互联网和物联网技术，不仅能够有效减少创业人员的开发成本，还能加快农产品和服务对外流通速度，打通城乡壁垒，带动农村的现代化发展。在实际开发应用上，创业人员可以在多个方面融入现代互联网科技,如借助互联网进行农产品溯源,通过互联网远程生产监控提升生产效率,在渠道上也能通过互联网开创电商等新型营销通路。

(4)农产品产业化平稳发展。

农产品的创业开发要关注现代农产品加工业,将产业链留在农村,在农产品的生产组织形式上可以支持家庭农村和农民合作社等,健全农村一二三产业融合发展利益联结机制,让农村农民更多分享产业增值收益。

农产品和相关服务的开发也将在产业化的道路上进行。创业人员会按照市场的需要来设计产品和服务,根据用户的需求来制定市场价格。消费升级带来消费者对农产品和服务期望的提升,对口味和品牌等因素的要求更为严格,对农产品的衍生产品或服务也有了更多的需求,这些都需要农村创业者积极参与和融入农产品的产业化。

2. 农产品(农村服务)开发的不足

尽管针对农村创业的条件和基础有所好转,农产品的开发仍然存在阻碍因素。因此要实现农村创业的新突破,就必须坚持问题导向,分析农产品(农村服务)开发的不足,如图4-4所示。

图4-4 农产品(农村服务)开发不足

(1)科技应用滞后或缺乏。

在新型农产品的开发中,相关农业技术是不可或缺的必要条件,在开发绿色产品、无公害产品时也需要对环境等进行技术控制。首先,由于财力有限,产出效率较低的农业得不到充分的投入,一些农业技术站、机械站等基层技术机构缩编,或从最初的公益性质转变为市场性质或半市场性质,增加了农产品开发的压力,提高了新技术的应用门槛。其次,对开发者而言,开发初期经费有限,新技术实现时间较长,且农村技术网络不健全,力量较为薄弱,农产品(农村服务)开发技术在农村推广需要一定的人力、财力和物力。

(2)生态可持续性难以保证。

在农产品开发的过程中,不合理的土地使用会造成农村土地污染,即便是绿色农业,对资源的不恰当处置或滥用也会形成潜在的污染。由于单纯的农产品种植经济无法有效支撑创业开发的要求,大部分农村创业人员会将第二、第三产业融入农产品和服务的开发中。部分农产品加工行业在加工过程也会造成污染,加工技术较弱、效率较低的组织更会将工厂迁至成本低的农村地区。从农村服务业的角度来看,乡村旅游服务的环境破坏性更为明显。农村旅游资源的开发会吸引大量游客聚集,超过景区环境承载力时就会给当地生态的可持续性发展带来阻碍。

（3）基础设施建设薄弱。

基础设施是农村经济发展的基本物质保证，完善的基础设施是农产品和农村服务开发的基本前提。农产品和农村服务的开发依赖的不只是开发技术，更是农村当地的农业生产状况和条件。我国大部分农村地区的基础设施仍然比较薄弱，区位条件也很有限，新型科技的全面推广和应用还难以实现。在农产品种植试验上，绝大多数农村地区还是以分散式田块作业和人工耕耘为主，抵御自然灾害的能力也很薄弱。同时，现代农产品和农村服务的发展需要在农产品生产或农村服务上有对应的知识储备，如科学的病虫害防治、田间管理和组织管理等专业知识。由于农村人员一般以经验和传统方式进行农业活动，文化水平有限，农村开发技术发展进步的步伐十分缓慢，新型开发科技的成果难以广泛普及和应用。

（4）劳动力转移受限。

在社会主义市场经济体制改革的推动下，城乡间资源配置中市场的基本作用得到很大程度加强。城乡资源不仅流动速度在加快，流动规模也在不断扩大，而农村劳动力基本是单向流动，城市与农村间资源差异明显。对比来看，农村缺乏吸引城市劳动力流入的内在动力，农村劳动力在市场利益驱动下向城市流出，导致大量有经验、有能力的优质乡村劳动力流失。农产品和农村服务的开发很大程度上需要大量劳动力的支持，劳动力的转移给农村创业人员带来压力，影响项目进展。即便国家对"三农"问题越发重视，为了乡村经济的发展制定了许多福利补贴政策，但农产品和服务的开发需要相关方面的专业人才，农村专业化人才不足、知识经验兼有者稀少等问题使得农村创业受限。

活动背景：

内蒙古自治区阿拉善盟农牧局查处未按照农药标签标注内容使用农药种植韭菜案

2021年1月，内蒙古自治区阿拉善盟农牧业综合行政执法支队对阿拉善左旗巴彦霍德嘎查王某某种植的温棚韭菜开展监督抽查，检测发现韭菜中氯氰菊酯和啶虫脒残留超标，判定为不合格产品。

经查，当事人王某某在韭菜生产过程中使用过农药啶虫脒和高氯·甲维盐（含有4.5%氯氰菊酯成分），案发时虽已经超过安全间隔期，但其未按照农药标签标注的使用方法和剂量、使用技术要求等规定使用农药。阿拉善盟农牧局依法对当事人作出罚款7000元的行政处罚。

单元 4　开发农村创业产品与服务

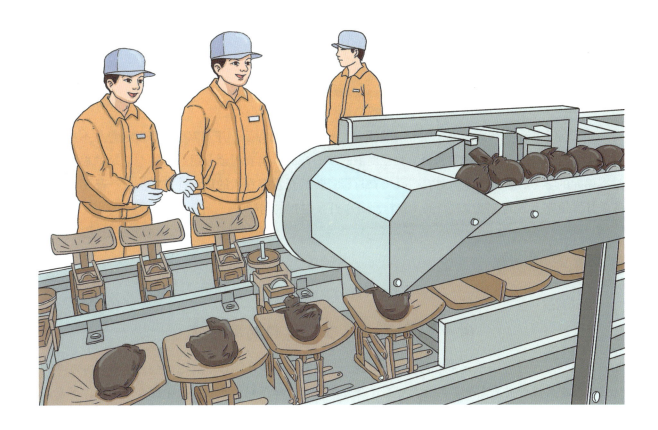

（案例来源：中华人民共和国农业农村部官方网站-新闻-《农业农村部发布 2021 年农产品质量安全监管执法典型案例》，2022 年 1 月。编者进行了整理和删减。）

活动目标：熟悉案例，分析该创业项目未遵循哪些农产品开发的趋势？应注意什么问题。

活动时间：30 分钟。

活动步骤：

（1）划分小组，采用随机的方式进行分组，每组以 4~6 人为宜。

（2）根据案例中内容分析导致农产品开发失败的主要原因是什么。

（3）小组代表发表看法，老师进行点评总结。

单元总结

本单元介绍了农产品（农村服务）的概念、分类、开发特征、开发流程及开发趋势与不足。农产品（农村服务）是农村创业者为消费者提供的核心产品，是农村创业组织存在与立足的根本。通过本单元的学习，希望同学们对农产品（农村服务）的开发有深入的认识，并掌握农产品（农村服务）开发策略与方式，减少农产品（农村服务）开发过程的问题。

活动背景：

做中国农产品标准化建设的践行者

1995年，朱壹毕业于江西省龙南师范学院，毕业后在信丰油山镇中心小学任教2年。1997年，他因受赣南脐橙开发热潮流的影响，放弃了教师职业，选择了到江西农业大学进修果树学，并对果蔬采后处理产生浓厚的兴趣。

2001年，他成立了江西绿萌农业发展有限公司（现在的江西绿萌科技控股有限公司，以下简称绿萌），经过不断摸索，不懈努力，功夫不负有心人，在2003年中国第一台电子果蔬分选机在绿萌诞生，并且成功销售至深圳布吉农产品市场（南方农产品的集散地），大量的赣南脐橙通过这台设备分选后出口到了香港，进入了国内的跨国超市，达到了国际标准。2006年，他开始组建更强大的研发团队，在北京、深圳设立分支机构，研发"果蔬多源信息融合超大型分选设备"，经过5年努力，在2011年成功研制出新一代装备。此项成果填补国内空白，改变了我国高性能果蔬自动分选设备长期依赖进口的被动局面，极大地提高了我国包括脐橙、蜜橘、苹果和马铃薯等果蔬采后处理的自动化水平，对于推动我国水果分选机械的技术进步具有重要意义。2014年，他又在国内率先研发出果蔬内部品质在线无损检测与外部品质检测一体化分选机，该技术成果可以根据果蔬的重量、形状、颜色、瑕疵、糖度、酸度、空心等内外部特征指标进行精细化分选，可以满足并引导消费者的个性化需求，并已在国内外市场推广销售。

（案例来源：中国农村创业创新信息网《做中国农产品标准化建设的践行者——37》，2018年3月。编者进行了整理和删减。）

活动目标： 结合案例，分析农产品（农村服务）开发标准化的重要性，以及应注意的问题。

活动时间： 30分钟。

活动步骤：

（1）划分小组，采用随机的方式进行分组，每组以4～6人为宜。

（2）根据案例中内容，分析朱壹是怎样让赣南脐橙走向世界的。

（3）小组代表发表看法，老师进行点评总结。

开发农村创业产品与服务拓展

单元 5
创新商业模式

商业模式是创业组织运行的底层逻辑和商业基础。成功的商业模式能够最大程度节约创业组织的资源成本，保障创业组织运行效率，助力创业成功。因此，本单元主要介绍商业模式的概念、特点、作用、要素的组成，商业模式分析设计工具——商业模式画布，以及农村创业典型的几种商业模式。

学习完本单元后，希望同学们做到：
①了解商业模式概念及作用。
②理解商业模式要素的组成。
③掌握商业模式画布的运用。
④知晓农村创业典型商业模式。

任务 1

了解商业模式概念、特点及作用

案例导入

百瑞源模式——嫁接旅游资源创收益

以往被外界一贯认为是"地摊货"的宁夏枸杞，作为礼物有时候实在是让人拿不出手，但又没有更好的东西可送，最后只能落于自豪与羞涩的尴尬境地。但百瑞源是个例外。在宁夏，不论是宁夏人外出访友，还是外地人来宁夏做客都少不了带几包本地的枸杞出去，送枸杞似乎也成了一种时尚，一种礼节习俗。这家企业创造了一个奇迹：日销百万元，单店年销破亿元。它是怎么做到的呢？文化元素+旅游整合，创造前所未有的行业奇迹！

百瑞源搭建"线上+线下"销售的商业模式。除了线上商城，企业开始努力改造线下的"中国枸杞馆"，并将其打造成为当地最具特色的网红打卡地，以博大精深的中华枸杞文化为底蕴，以中华母亲河——黄河为源头，潜心挖掘四千年中华枸杞的历史瑰宝，馆内分为杞福馆、文化馆、养生馆三大部分及公共服务区。2019年之前一年人流量高达50万，如此巨大的人流量为销售转化直接提供了可能，不但完成品牌"种草"，而且直接拉动了销售额。从此，百瑞源枸杞养生馆成为外地人去宁夏旅游的必去之地，百瑞源枸杞也成为当地人心目中的首选礼品品牌。

（案例来源：百度网-《农业十大发展模式-百瑞源模式》，2022年10月。编者进行了整理和删减。）

分析思考

（1）结合案例和你的学习，分析百瑞源成功的原因是什么。
（2）结合案例和你的学习，说明什么是商业模式。

知识锦囊

商业模式是创业组织经营成功的重要一环，是创业者创意开发的最终成果，体现出创业的战略价值和意义。从创业研究的角度来看，商业模式更像是创业者的一种创意想法，是一种还没有实现的构想。

1. 商业模式的概念

商业模式是一个企业满足消费者需求的系统。这个系统组织管理企业的各种资源形成能够提供消费者无法自力而必须购买的产品和服务，因而具有自己能复制且别人不能复制，或者自己在复制中占据市场优势地位的特性。

2. 商业模式的特点

商业模式是一个整体的、系统的概念，各组成部分之间有着必然的内在联系，使其互相支持、共同作用，形成一个良性的循环。商业模式具备以下5个特点。

（1）创新性。商业模式的创新形式贯穿于组织经营的整个过程，贯穿于资源开发、研发模式、制造方式、营销体系、市场流通等各个环节，所以说实际上创业过程中的任何一个环节都有可能成为创新环节。

（2）营利性。创业组织在市场中，凭借自身独特的商业模式，能够顺利进入利润区，并在利润区停留较长的一段时间，从而长期持续地创造出高于行业平均水平的利润。

（3）控制性。对于创业组织来说，暂时的赢利或亏损都是正常的。好的商业模式并不是帮助组织永远不会亏损，而是出现亏损之后，能够有足够的应对措施，风险可控。

（4）持续性。商业模式是组织健康发展的根本前提，对于任何一个想要长期发展的创业组织来说，这都是必不可少的。一个好的商业模式不是靠抓住偶然的机会，而是需要从最开始就找到它的核心逻辑，从而完善商业模式，长久地发展下去。

（5）领先性。在行业上拥有主导地位是能够持续盈利的先决条件。优质的商业模式是组织持续竞争优势之源，能够帮助创业组织确立市场领导地位和获得竞争实力。

3. 商业模式的作用

商业模式的作用是在原有的或新环境条件下，发现新的市场机会、细分市场、提高工作效率，吸收和整合创业组织可以使用的内外部资源，通过各种创新加以挖掘和利用，从而为投资者和包括客户、合作伙伴在内的利益相关者创造更多的价值。商业模式的作用具体体现在以下4个方面。

（1）深挖客户需求。优质的商业模式能够精准地划分出不同类型的客户，并针对不同的客户群体提供相应的产品与服务，同时，能够关注顾客的体验和个性差异，通过产品和服务的创新给客户创造最大价值。

（2）积聚战略资源。优质的商业模式能够帮助创业组织超越自我局限，开展商业合作，建立战略联盟，实现资源集聚，同时，对产品和服务价值链的全过程进行整合，对创业组织理念、要素和流程进行系统集成，也对创业组织战略进行动态组合。

（3）培育竞争优势。优质的商业模式能够帮助创业组织挖掘产品或服务独特的核心优势，从而为创业组织提供了一个进入多种产品市场的潜在途径，也为顾客带来较大的最终用户价值，最后构筑模仿壁垒，形成核心竞争力。

（4）提高产品价值。产品价值是产品定价的一个基础，优质的商业模式能够提升消费者对创业产品价值的认同，减少消费者对创业产品价格的质疑，从而使得消费者心安理得地接受产品定价，帮助创业组织获得更多的收益。

 **实践活动**

活动背景：

河北迁西花乡果巷特色小镇项目：加工类型的都市农业

迁西县"花乡果巷"田园综合体项目所在地东莲花院乡地处迁西、迁安、滦县、丰润四县交界处，目标是建设成为以特色水杂果产业为基础，以油用牡丹、猕猴桃、小杂粮产业为特色，以生态为依托，以旅游为引擎，以文化为支撑，以富民为根本，以创新为理念，以市场为导向的特色鲜明、宜居宜业、惠及各方的国家级田园综合体。努力实现"三生同步""三产融合""三位一体""循环农业、创意农业、农事体验"蓬勃发展，确保六大支撑体系健全稳定：生产体系基础坚实、产业体系特色突出、经营体系创新发展、生态体系绿色共享、运行体系合理优化、服务体系功能完善。

（案例来源："农业行业观察"百家号-《都市农业：9大经营模式、4个商业商业模式（编者注：应为"商业模式"）、10个案例剖析》，2019年6月。编者进行了整理和删减。）

活动目标：结合所给案例，运用所学知识点，查找相关资料，分析"花乡果巷"田园综合体项目所采用商业模式的特点，以及该商业模式是否体现了创新性、盈利性。

活动时间：20分钟。

活动步骤：

（1）划分小组，采用随机的方式进行分组，每组以4～6人为宜。

（2）分析要包含以下两个方面：

　　①分析"花乡果巷"田园综合体项目体现了商业模式的那些特点。

　　②分析该商业模式特点有哪些具体的表现。

（3）小组代表发表看法，老师进行点评总结。

任务 2

理解商业模式要素的组成

案例导入

庄络亲子农场——亲子教育的都市农业

庄络亲子农场占地面积501亩，距离廊坊市区10千米、北京南四环仅40千米。该农场是一个专业为2～12岁儿童打造的户外乡村农乐园，提供创意活动、农事体验、主题游览、科普展览、农趣手工活动、自然课堂等项目及亲子民宿和餐饮配套。同时，庄络亲子农场内有一片占地333亩的梨园，果树的平均年龄在30年以上，品种主要为河北省特色农产品——雪花梨和皇冠梨。该农场研发出了基于农场开展的儿童自然教育成长课程体系，同时也是廊坊六大新兴旅游推荐地之一。

庄络亲子农场从最初单纯的农事活动及科普讲解的 1.0 版，发展成体验活动与创意主题节庆相结合的 2.0 版，再到与艺术院校等机构多方合作举办少儿自然手工、自然观察、自然教育、亲子农耕、夏令营、亲子国学教育、农业科普等活动的 3.0 版。其经营模式为：亲子教育为主，配合体验式活动如果蔬采摘为项目延伸。该农场盈利以门票为主、文化延伸产品及农产品为辅。庄络农场一直在研发适合中国国情及基于农场的儿童自然教育课程体系，开办自然学校，成立联盟开展游学活动，为找不到经营模式的农场引入客源，并在河北廊坊有面积 500 亩的样板农场。庄络农场一直倡导农业自然教育，不仅符合人类天性，而且提高孩子的免疫力，更科学地展开爱的教育，锻炼人的五感头脑，开发智力，培养情商。将培养理念传授给家长，家长会愿意参与长期会员服务。

（案例来源："农业行业观察"百家号-《都市农业：9 大经营模式、4 个商业商业模式（编著注：应为"商业模式"）、10 个案例剖析》，2019 年 6 月。编者进行了整理和删减。）

（1）结合案例，分析庄络亲子农场抓住了顾客的哪些需求。
（2）结合案例和所学知识，思考商业模式的构成有哪些要素。

商业模式就是创业组织能提供什么样的产品，给用户创造什么样的价值，在为用户创造价值的过程中用什么方法获取商业价值。商业模式主要由客户细化、价值主张、渠道通路、客户关系、收入来源、核心资源、关键业务、重要伙伴以及成本结构九要素组成，这九项基本要素很好地展示出创业组织创造收入的逻辑。

1. 客户细化

农村创业推出的产品和服务标准来源于客户群体，客户的个性化需求和消费偏好是设计产品和服务的前提。一个好的商业模式首先需要清晰定义谁是目标客户，以及目标客户的问题与痛点，进而将客户群体细分，为用户提供独特的解决方案。

2. 价值主张

价值主张是对客户真实需求的深入描述。价值主张聚焦于解决组织该向客户传递什么样的价值、帮助客户解决哪一类难题、满足哪些客户需求、提供给客户细分群体哪些系列的产品和服务等问题。

制定价值主张的基础是对组织可以向其客户、潜在客户和组织内外的其他组成群体提供的收益、成本和价值进行审查和分析。它确定了消费者在购买特定产品或服务时获得的清晰、可衡量和可证明的利益。它让消费者相信这种产品或服务比市场上的其他产品或服务更好。当消费者因为感知到更大的价值而选择该特定产品或服务而不是其他竞争对手时，这一主张可以带来竞争优势。

3. 渠道通路

渠道通路用来描绘组织是如何沟通、接触其客户细分而传递其价值主张。沟通、分销和销售这些渠道构成了公司相对客户的接口界面，在客户体验中扮演着重要角色，包含着提升公司产品和服务在客户中的认知、帮助客户评估公司价值主张、协助客户购买特定产品和服务、向客户传递价值主张、提供售后客户支持等功能。

4. 客户关系

在创业组织经营管理的过程中，客户关系管理发挥着重要的作用。客户是创业组织重要的资源，也是组织经营利润的重要来源。通过建立一个完善的系统，使组织更好地了解客户，为客户服务，并在销售、市场竞争上形成全面协调的关系。一方面更好地吸引新客户，另一方面更好地保留老客户，将已有的客户转变为忠实的客户，从而促进创业组织的发展。

5. 收入来源

任何商业模式一定要解决如何赚钱的问题，无论是短期盈利还是在未来实现盈利。通过明确收入来源，能够使创业组织在经营管理过程中，有意识地放大那些有独特资源优势、有良好发展前景和有一定技术含量的创新产品和服务，实现收益的增加。

6. 核心资源

核心资源是使得组织能够创造和提供价值主张、接触市场、与客户细分群体建立关系并赚取收入的重要资源。对于农村创业而言，其核心资源主要是农村中的土地、资金、人才，此外，还有创业项目独有的技术及国家的政策扶持等。

7. 关键业务

产品与服务就是创业组织在识别到用户的需求以后，为用户提供的解决方案。产品与服务是商业模式的核心，创业组织为用户提供什么样的产品与服务，这些产品与服务有什么与众不同之处，为用户创造什么样的价值，以及如何提供这些产品与服务，是通过外包生产还是自己去生产，这都是商业模式需要回答的问题。

8. 重要伙伴

在互联网时代，创业组织变得越来越开放，建立外部战略合作关系正日益成为商业模式的重要组成部分，很多创业组织都是通过建立战略联盟来优化它的商业模式，获取资源，降低风险。所以说构建商业模式的时候需要思考，谁是重要的合作伙伴，组织从合作伙伴那里能够获取哪些资源。

9. 成本结构

成本结构事关创业组织能否存活，无论什么商业模式都渴望能将自己的成本最小化，利益最大化，但是不同成本结构对不同的商业模式有着不同的意义。盈利模式部分要确定产品与服务如何定价，以及定价与销量之间的关系，然后要测算维持创业组织运转的成本与费用。创业组织要想盈利的话，收入必须大于成本与费用，商业模式需要关于收入、成本、费用与利润有一个精准的测算，一个长期亏损而无法实现盈利的业务不是真正的商业模式。

实践活动

活动背景：

温氏集团经过三十多年的探索和实践，形成了紧密型"公司＋农户（或家庭农场）"产业分工合作模式为核心的"温氏模式"。主要特点为：温氏集团作为农业产业化经营的组织者和管理者，将养殖产业链中的鸡、猪品种繁育，种苗生产，饲料生产，饲养管理，疫病防治及产品销售等环节进行产业整合，由公司与农户（或家庭农场）分工合作，共同完成，为市场大规模稳定供应有品牌保障的、安全的商品肉鸡、商品肉猪。

温氏集团在30多年的发展过程中，紧紧围绕主产业，坚持创新，不断积累，在竞争和发展中不断完善自己的商业模式，在研发体系、管理体系、区域布局、产品品质和共享文化等五个方面构建了自己的核心能力。

（案例来源：巨中成融资网－投融学院－《案例分析：温氏集团商业模式简析》，2017年7月。编者进行了整理和删减。）

活动目标： 阅读案例素材，结合所学知识，并查找相关资料，分析温氏集团对商业模式进行了哪些创新，掌握商业模式创新的策略。

活动时间： 20分钟。

活动步骤：

（1）划分小组，采用随机的方式进行分组，每组以4～6人为宜。

（2）分析要包含以下两个方面：

①分析温氏集团商业模式成功的关键要素是什么。

②分析温氏集团采取了哪种创新策略。

（3）小组代表发表看法，老师进行点评总结。

商业模式重点知识点

任务 3

掌握商业模式画布的运用

案例导入

尺木无山位于北京顺义杨镇沙子营村北木燕路北,是一家集住宿、餐饮、亲子娱乐于一体的综合性休闲农庄,总占地 25 亩。

尺木无山的目标是打造中国首个纯木结构原生态亲子乐园+创意旅游酒店。尺木无山把蒙古包改造成霍比特木屋,把农民拆的房子捡来做建筑材料,把"颜值"作为主要装修标准,餐具和食品的设计都是从当地挖掘,比如使用一些老的瓦片、锅盘等。城市消费者遇上没见过的、新奇的事物就想拍照,拍照就会社群分享,自发分享就是免费宣传。借助这种低成本的营销,尺木无山四年没有支出半分广告费。

(案例来源:"文旅小镇怎么搞"搜狐号-《北京3个热门亲子农场,如何火爆盈利?》,2018年5月。编者进行了整理和删减。)

分析思考

(1)"尺木无山"综合性休闲农庄的商业模式画布(见图 5-1)具备哪些元素?
(2)商业模式画布呈现的和商业模式文字描述有怎样的区别?

重要伙伴	关键活动	价值主张	客户关系	客户细分
①推广圈子 ②周边农家乐资源 ③专业设计"文创产品"能人	①市场推广 ②高参与，高分享的产品活动设计 核心资源 ①设计 ②人才有经验的管理 员工 ③环境土地 ④资金	①中国设计元素+西洋创新手法构建的民宿、餐厅 ②"个性品质+艺术"的文创活动	①迎合文艺范儿需求 ②为客户创造新生活方式 获取渠道 自媒体高分享率	①亲子家庭 ②有品位有个性并且对文艺有追求的中产阶级（"70后"/"80后"） ③文艺青

成本结构（总投入1000万元）	收入来源（营业额可达到25万元/月）
①地租 ②设施建设成本 ③餐饮住宿等正常运营成本	餐饮费人均100元 住宿费三档1090元、1190元和1490元 活动费用：一大一小430元 未来拓展广告费、年会费

图 5-1　"尺木无山"商业模式画布

 知识锦囊

商业模式画布是用于梳理商业模式的思维方式和工具，能帮助管理者催生创意、降低风险、精准定位目标用户、合理解决问题、正确审视现有业务和发现新业务机会等。商业模式画布作为一种可视化语言，通常用来描述商业模式、评估商业模式甚至改变商业模式。

1. 商业模式画布的定义

商业画布是指一种能够帮助创业者催生创意、降低猜测、确保他们找对了目标用户、合理解决问题的工具。一方面，商业模式画布能够描述商业模式、可视化商业模式、评估商业模式及构建新的战略性替代方案。另一方面，商业模式画布通过设计一种简洁易懂的可视化版式，能够展示商业模式创新的核心内容，如图5-2所示。

图 5-2　商业模式画布

2. 商业模式画布的特点

使用商业模式画布首先要了解目标用户群，再确定他们的需求（价值主张），想好如何接触到他们（渠道通路），怎么盈利（收入来源），凭借什么筹码实现盈利（核心资源），能对你施以援手的人（重要合伙），以及根据综合成本（成本结构）定价。商业模式画布具有以下3个特点。

（1）完整性。商业模式画布通常只有一页纸大小，但是它基本可以确定一款产品商业模式的方方面面，能够让一般人在此模式下对该产品商业模式是否完整或者存在很大的纰漏一目了然。

（2）一致性。商业画布不仅能够提供更多灵活多变的计划，更容易满足用户的需求，还可以将商业模式中的元素标准化，并强调元素间的相互作用。同时，商业模式画布可以判断商业模式的各个方面是否一致。

（3）易读性。通过商业模式画布展示出来的九大模块能清晰地了解创业组织的经营状况及盈利情况，同时，可以清楚地让别人知道你正在做什么，为什么要这样做，需要什么资源，又能带来什么收获。

3. 商业模式画布的作用

（1）描述创业组织为谁提供价值。创业组织的价值主张是为目标客户提供的，即组织需要在商业模式中明确细分出自己的目标客户：目标客户是谁？客户群体有多大？客户群体的增长空间有多大？客户对创业组织所提供的价值主张有多大的需求？依赖性又有多大？

（2）描述创业组织产品（服务）。描述创业组织的产品（服务）其实就是描述创业组织的价值主张。价值主张是指组织要解决什么问题（即客户需求），以及需求的强烈程度。即便目标客户有需求，还需要凸显创业组织的独特价值。商业模式清晰描述了组织能否提供被客户接受的独特、清晰、简明的价值主张，以及这样的客户价值又是否能够超越客户期望的性价比。

（3）描述组织如何接触其客户。渠道通路是创业组织的价值主张和目标客户之间的桥梁。商业模式画布描述了创业组织如何将自己的商品或服务传递给目标客户，并且如何促使客户去接受创业组织的价值主张。

（4）描述商业模式所涉及的合作伙伴。好的商业模式需要关注其利益相关者之间的关系，尽可能地让相关主体都能获得利益，并且利益分配合理。商业模式画布能够清晰地描述与创业组织相关的原料提供商、代理商、零售商等重要合作伙伴关系。

（5）描述组织如何赚钱、减少成本。一个好的商业模式的盈利设计需要切合市场实际，富有弹性，创业组织才能实现预期的盈利。商业模式画布中盈利设计包括价值获取、战略定价和目标成本规划，它们不仅描述了组织靠哪种方式赚钱，还描述了哪种盈利方式对组织当下的情况是有利的，组织如何做才能让未来会更好等。

实践活动

活动背景：

随着近年来休闲农业旅游的日益火爆，返乡农民工王戈看到了机会。他所在的村具有优美的田园风光及深厚的历史文化底蕴，基于此，在多番考察后，他计划以休闲农业为切入点实施创业，于是应用了画布刻画的家家乐农场商业模式，如图5-3所示。

重要伙伴	关键业务	价值主张	客户关系	客户细分
蔬果种植户 家禽种苗公司 物流公司 合作社	超市 参与 休闲采摘 垂钓	新鲜每一刻 所想即所得 让吃变得快乐 乡愁唾手可得	粉丝运营 及时服务	企业用户 个人用户 学校用户
	核心资源 田园风光 乡村聚落 民俗文化		渠道通路 1.线上线下打通，实现全渠道营销	

成本结构	收入来源
物流 采购 管理 维护	零售 农家乐 餐厅 电商 果园采摘

图 5-3 家家乐农场商业模式

活动时间：20 分钟。

活动步骤：

（1）划分小组，采用随机的方式进行分组，每组以 4~6 人为宜。

（2）分析要包含以下两个方面：

①分析该画布体现了商业画布的哪些特点。

②分析该商业画布还存在怎样的问题。

（3）小组代表发表看法，老师进行点评总结。

任务 4

知晓农村创业典型商业模式

案例导入

秸秆回收利用——热电联产、"三产"融合

山东金缘生物科技有限公司是一家以农业秸秆为原料进行能源化综合利用的省级高科技企业，目前年处理农业秸秆 20 万吨，通过不同产业相互跨界，有机融合的新产业模式，形成了从农业生产综合服务到工业综合利用，再到能源阶梯利用，最后服务农民、增加收入、改善生活质量，残料生产有机肥回归土地环环相扣的"绿色"循环链条，创新性地提出了以"农作物收贮、秸秆综合利用、热电联产"为主的"三产"融合发展的全产业链发展新模式。

该模式凸显4个特点：（1）农作物收贮体系新模式。通过提供秸秆收集设备，扶持从事农业秸秆收集的经纪人，组建覆盖乡镇、村庄的服务组织和设施，建设玉米脱粒、玉米烘干、秸秆收集基地，提供农作物收割、秸秆收购、玉米脱粒烘干等一条龙服务，不但可节省农户时间和成本，而且通过秸秆收购又可增加农民的经济收入，保障企业的原料来源，更将极大地减少农村秸秆焚烧现象，保护生态环境。（2）秸秆综合利用新模式。对收集的农业秸秆进行筛选分类，优质农业秸秆投入车间生产木糖、糠醛，提高了原料利用率。将糠醛生产中的余热用到木糖生产上，将糠醛生产

过程中的冷凝余热用到木糖水解工艺，可节约水解升温所用蒸汽和循环冷却用水，节省用汽量和生产耗水，做到能源的阶梯利用。（3）资源循环利用新模式。将秸秆提取产品后的废渣投入生物质电厂，年发电量8000万千瓦时，年节约标准煤12万余吨，减少SO_2排放量1500吨。生产余热用于发展冬季温室大棚、对附近村镇居民实行清洁供暖，取代户用散煤，节能减排效果非常明显。同时通过发展村级二级供热组织，又可增加村集体收入。（4）废水、残渣处理利用新模式。利用国际先进技术，将生产废水转换成电和热能及残渣生产生物肥料，最终实现秸秆还田。这4个模式将秸秆回收加工利用完美结合，并做到秸秆全产业链利用和经营。

（案例来源："齐鲁网"搜狐号-《山东金缘生物科技开启"农业秸秆"全产业链发展新模式》，2017年7月。编者进行了整理和删减。）

分析思考

（1）结合案例和你的学习，分析该企业的商业模式有怎样的优势。
（2）结合案例，分析你认为商业模式应怎样选择。

知识锦囊

农村创业者选择符合自身优势的商业模式非常重要，优秀的商业模式可以降低创业者的创业难度，实现快速发展；而不适宜的商业模式很可能会成为企业进步发展的阻碍，如不及时调整，甚至会造成企业的损失。本任务主要讲解四种农村创业典型商业模式，分别为：生态模式、电商模式、全产业链模式和土地入股模式。

1. 生态模式

生态模式是环境友好型的商业模式。该模式在发展的同时应兼顾创业者的发展和生态环境保护，尽量设法减轻对环境的破坏，提高边际效益，减轻环境污染。生态模式支撑农业发展的各个生产要素，要科学合理，比如化肥、农药的使用量不能过多，水资源的利用效率要提高，采取轮作、间作甚至休耕制度等。

采用生态模式的不但有利于产出更优质天然的农产品，同时也会靠天然环保打动消费者，迎合消费者对绿色产品的需求。

2. 电商模式

在以往的传统产销模式中，农民是农产品价格的被动接受者，自产农产品商品化程度低、品牌化意识不足，农户生产收益极不稳定。相比于传统农产品的生产与销售，农村电商解决了农产品生产与市场需求相脱节、市场信息滞后等问题，通过借用网络平台的传播途径扩大了农产品销售市场。

此外，在互联网自媒体、短视频带货的风潮下，农户能够根据农产品新兴消费热点对自产农产品进行加工、包装从而提高农产品的附加值，使得农产品商品化程度得到提升，农户对农产品销售竞争力的提升也有了更为深刻的认识，对农产品品牌化生产意识亦不断增强，农户的生产收益随之提升。

3. 全产业链模式

全产业链是以消费者为导向，从产业链源头做起，经过种植与采购、贸易及物流、食品原料和饲料原料的加工、养殖屠宰、食品加工、分销及物流、品牌推广、食品销售等每一个环节，实现食品安全可追溯，形成安全、营养、健康的食品供应全过程。

全产业链模式是以"研、产、销"高度一体化经营理念为主导的商业模式，将传统的上游原材料供应、中游生产加工、下游的市场营销全部纳入企业高度掌控之中。也被称之为"一条龙"经营模式。同时，农业全产业链是一种纵向一体化和横向多元化有机结合的农业产业化经营模式，它有以下四种农业产业链整合模式：直接交易整合模式、批发交易整合模式、合作组织整合模式和"公司＋农户"整合模式。

（1）直接交易整合模式。

小农与农产品消费者在贸易市场直接交易，贸易市场是农业产业链关键核心部分。直接交易省去了产业链上中间复杂环节，使农业产业链简单化，交易方式直接、单一。农户可以自给自足，面对面即时进行买卖。

（2）批发交易整合模式。

在产业链里建立一个专门批发农产品的批发市场，农户和消费者之间并不直接交易，而是通过中间商交易，中间商是批发市场关键企业。这种整合模式大量促进农产品交易，提高农产品生产总值。

（3）合作组织整合模式。

农民在农业产业链里建立经济合作组织，农户生产过程中，经济合作组织充当媒介为农户提供生产服务。农户不必考虑农产品销售方向，联系经济合作组织，再由经济合作组织与中间商联系进行销售。

（4）"公司＋农户"整合模式。

产业链里公司向农户提供生产技术，与农户签订合同，农产品完成后公司再从农户手里进行回收。这种整合模式完善了农业产业化经营模式，有利于提高农户种植技术水平，使农产品向专业化方向发展。

4. 土地入股模式

土地入股，是指土地权利人将土地使用权和投资者的投资共同组成一个公司或经济实体。初级农业生产合作社处理社员私有土地的办法。对社员入社的土地，根据其常年产量评定为若干股，作为交纳股份基金和取得土地分红的依据。评定社员入社土地的产量，主要根据土地的质量和实际产量，以使每个社员的利益不受损害。

土地入股模式是农民以土地经营权的方式入股到公司或者合作社，并划分详细的股权比例，年底扣除相应税费之后，按照股权比例给土地入股的农户分红。该模式使农民手里的土地得到集中的利用，同时为农民带来收益。目前土地入股模式主要有以下6种形式。

（1）"农民＋土地股份合作社"直营模式。

该模式即农民以土地经营权作价入股，成立土地股份种植专业合作社进行农业产业化经营。

（2）"土地股份合作社＋企业"社企合作模式。

该模式即农民以土地经营权先入股成立土地股份合作社，合作社再入股企业开展农业产业化经营。

（3）"农户＋农业企业"土地股份公司模式。

该模式即农民以土地经营权直接入股企业，采取租金保底、股金分红、薪金创收"三金合一"。

（4）"农民＋合作社＋公司"，建立新公司。

农户以农村土地经营权入股组建土地股份合作社，土地股份合作社再以农村土地经营权作价入股、农业产业化龙头企业以技术和资金等要素作价入股，组建新的农业公司。公司采取"优先股＋分红"分配方式，在确保农户土地经营权入股基本收益后，剩余利润再参与公司分红。

（5）"农民＋公司"，建立新合作社。

农业产业化龙头企业以技术、资金等要素入股土地股份合作社，成为土地股份合作社的社员，土地股份合作社以土地经营权作为优先股，按照公司需求开展生产经营，合作社财务统一管理、统一核算，公开聘用农业职业经理人从事生产经营管理，获得的纯收益优先保证土地经营权基本收益。

（6）入股农户直接成立合作社。

"土地股份合作社＋农业职业经理人"模式，即村委会引导农民以土地经营权入股成立合作社，合作社理事会聘请农业职业经理人负责生产，合作社盈余用于支付职业经理人佣金和土地经营权分红。

商业模式的构建技巧

活动背景：

大锦农："良田"到"餐桌"全产业链模式

黑龙江大锦农农业开发有限公司以肉鸡养殖为核心，以肉鸡屠宰加工销售为龙头，带动上游、延伸下游，形成了从"良田"到"餐桌"的现代农业循环经济全产业链模式。

大锦农业以肉鸡养殖为核心，以屠宰加工销售为龙头，带动上游优质绿色玉米种植、绿色饲料生产，延伸下游以生产生物有机肥，种植绿色（有机）玉米、水稻，进行粮食精深加工，以生产有机大米、优质油料系列为延伸，打造上下游相互依托、相互联动的创新引领绿色食品生产加工销售基地。为自建种鸡繁育、肉鸡养殖提供安全可溯体系保证，现已形成集种植、养殖、食品深加工为一体的生产经营模式，形成了从"良田"到"餐桌"的现代农业循环经济全产业链。

活动目标： 通过阅读案例，搜索相关资料，知晓典型的农业商业模式。

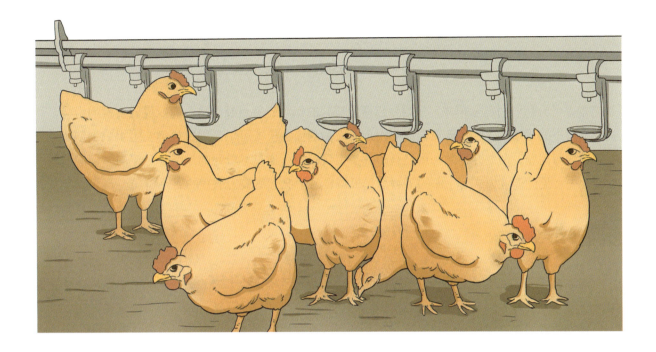

活动时间：20分钟。

活动步骤：

（1）划分小组，采用随机的方式进行分组，每组以4～6人为宜。

（2）分析要包含以下两个方面：

①分析大锦农业属于所学的哪种商业模式。

②分析大锦农业建设全产业链为其带来了哪些好处。

（3）小组代表发表看法，老师进行点评总结。

单元总结

本单元介绍农村商业模式，主要介绍商业模式的概念、特点及作用，商业模式要素的组成，商业模式画布的运用和农村创业典型商业模式。成功的商业模式可以帮助农村创业组织减少创业过程中的意外与问题，节约并高效利用已有的各类宝贵资源。通过本单元的学习，希望同学们能够对农村创业中常见的商业模式有全面的了解，并根据自身情况打造最为适宜的商业模式。

课后训练

活动背景：完成本单元的知识学习后，阅读本单元所给出的案例，选择任意一个你感兴趣的案例，绘制其商业画布。

活动目标：通过阅读案例，搜索相关资料，结合所学知识，掌握商业画布的绘制方法。

活动时间：一周。

活动步骤：

（1）划分小组，采用随机的方式进行分组，每组以4～6人为宜。

（2）小组代表发表看法，老师进行点评总结。

单元 6
提升创业能力

农村创业者是推进农村经济发展的中坚力量。农村创业者能力是完成农村创业任务的必备条件,直接影响农村创业活动的效率。农村创业者能力的提升是创业成功的必要前提和强大动力。本单元主要介绍农村创业者构成、创业能力和创业价值观。

学习完本单元后,希望同学们做到:

①熟悉农村创业者的构成。

②掌握创业能力。

③理解创业价值观。

任务 1　认识创业者构成

案例导入

创业梦想照进现实

田永川，是河南省邓州市有名的"鸡司令"。2012年，田永川结束外出打工生涯，回到家乡邓州市。在当地人社部门的扶持下，他创办了一家蛋鸡场。截至2019年年底，鸡场蛋鸡存栏规模3万多只。自2008年以来，河南省像田永川这样返乡创业的农民工共有60.69万人，创办企业30.97万个，带动就业210.16万人，实现年销售收入705.37亿元。

韩子夜，一名"85后"大学生创业者。韩子夜2013年大学毕业，2015年毅然辞去北京的央企工作返回家乡，与哥哥一道种起了灵芝。2015年，逐渐摸索出一整套灵芝种植技术的韩子夜兄弟投资140万元成立任丘市悬圃灵芝种植专业合作社，注册了"悬圃"商标。

邓鹏，省模范军转干部。他在唐山创立了一家创业孵化基地——位于唐山市高新区经洪大厦的唐山军创家园创业孵化基地。这里成为广大退役军人追逐创业梦想的启航点。截至2021年年底，这里已吸纳来自全省的100多家企业入会，计划实现帮助3000多名退役军人实现创业就业的目标。

武立权，安徽农业大学科技处处长。他表示，安徽农业大学累计选派121名专家、教授，赴全省23个受援县（市、区），服务地方农业科技发展和农业产业提质增效。该校以科技特派员为纽带，成立"校地合作"现代农业合作推广服务中心8个，有效服务新型农业经营主体近1000家。

罗人恺，湖南衡阳人。他2004年前往西班牙留学，攻读硕士学位，成为阿尔卡拉大学财经系的第一位中国留学生。他帮助湖南省衡阳市与西班牙企业签订合作协议，将按照欧盟标准，在衡阳市辖区分期投资建设生猪养殖、屠宰、冷藏、加工全流程产业链，项目总投资达5.5亿欧元。

（案例来源：中国就业网引用《中国劳动保障报》-《走，回乡当老板去！——河南省推动农民工返乡创业》，2016年9月；中国就业网引用新华网-

《返乡入乡创业典型故事》，2021年1月；《安徽日报》《人才下沉，科技下乡——科技特派员赋能乡村振兴》，2021年1月；《人民日报》（海外版）-《将外国企业"引进来"，帮湖南企业"走出去"，海归罗人恺是位"牵线人"湘江畔邂逅"西班牙味道"（家国情怀 报效桑梓（9））》，2021年5月。编者进行了整理和删减。）

分析思考

分析案例中的五类农村创业者各有哪些特点。

知识锦囊

随着经济社会发展及农村发展水平的提高，农村创业的机会越来越多。认识农村创业者的概念及类型，有利于农村创业者进行自我定位，分析自身存在的不足。创业者是指某个人发现某种信息、资源、机会或掌握某种技术，利用或借用相应的平台或载体，将其发现的信息、资源、机会或掌握的技术以一定的方式转化创造成更多的财富和价值，并实现某种追求或目标的人。

1. 农村创业者的来源

农业农村部发布的数据显示，2020年年底返乡入乡创业创新人员达到1010万，已经成为农村经济的一支重要的力量。农村创业者主要源于六个群体，如图6-1所示。

（1）返乡农民工。

农民工是指为用人单位提供劳动的农村居民。他们是中国改革开放和工业化、城镇化进程中涌现的一支新型劳动大军。他们户籍仍在农村，主要从事非农产业，有的在农闲季节外出务工、亦工亦农，流动性强，有的长期在城市就业，是产业工人的重要组成部

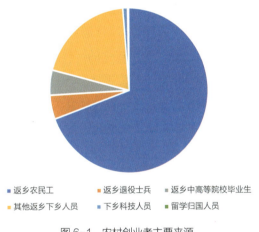

图6-1 农村创业者主要来源

分。返乡农民工通过在城市学习专业技能与知识，锻炼了创业能力，为新农村建设带来了资金、技术、信息及先进理念。目前返乡农民工占返乡入乡创业创新人员的比例约为70%，占农村创业者的绝大多数。

（2）返乡中高等院校毕业生。

返乡中高等院校毕业生在学校系统学习过专业知识和技能后，怀揣着建设家乡的热情和创业的梦想，运用自身的知识与专业技能带动乡亲一同致富。对于从农村走出来的学生来说，他们既掌握了先进的知识技能，又熟悉农村环境，从而更有利于立足于乡村开拓自己的事业。目前返乡中高等院校毕业生占返乡入乡创业创新人员的比例为5%。

（3）返乡退役士兵。

对于退役士兵而言，从部队到地方的转变意味着离开自己熟悉的环境。部分退役士兵没有一技之长，更没有某个行业的从业经验，因此，返乡创业成为他们选择的道路。目前返乡退役士兵占返乡入乡创业创新人员的比例约为5%。

（4）下乡科技人员。

下乡科技人员是国家现阶段紧缺的复合型人才。他们不仅要研究专业科技知识，还要将这些知识成果运用到农业生产实践中去。他们是带动农民致富的重要一环，其优势在于将先进的农业科技知识、农业机械从实验室搬到田地中，引导农业类型从粗放型不断向集约高效型转变。下乡科技人员目前占返乡入乡创业创新比例约为1%。

（5）留学归国人员。

留学归国人员普遍学历较高、家庭背景较富裕，在管理、技术等方面具有优势。他们属于典型的高级知识分子，此类人才在学习国外先进农业知识后将国外先进农业发展经验运用于我国农业生产中来，为带动我国农业产业转型升级做出贡献。留学归国人员占返乡入乡创业创新人员的比例约为0.2%。

（6）其他返乡下乡人员。

其他人员主要包括农村的原住居民。这些原住居民多为农村中的能工巧匠，善于发现新机会，同时具有坚韧的毅力。原住居民具有一定的资源禀赋，而这些资源和其他诸如政治资源、人脉资源、社会资源是可以相互转化的。作为土生土长的本地人，创业者因其熟悉乡土人情、知悉当地发展状况、熟知邻里关系，更便于各种资源之间的转化。他们相较于其他类型的创业者更加熟悉农村环境，对其所处的人居环境及社会关系网络也更为了解，这是他们在农村创业的独特优势。此类人员占返乡入乡创业创新人员的比例约为20%。

活动背景：

四川峨眉："85后"留学生返乡创业 让故乡成为更多人想去的远方

在乐山峨眉山市绥山镇荷叶村的竹林掩映下，人们或在民宿前品峨眉山茶、或在林间岩石上玩攀岩游戏、或在田野中进行研学体验……随着乡村旅游不断发展，也吸引着越来越多的年轻人前来创业。"85后"土生土长的峨眉人郭立超也从"远方"回到儿时玩耍的地方，在乡村振兴的路上要让故乡的山水成为更多人值得去的远方。

1988年出生的郭立超小学毕业后就去了成都念书，后又远赴新加坡上大学学习酒店管理，回国后留在了成都工作。随着乡村振兴号角的吹响，记忆中的故乡山水更加清新和迷人。乡音、乡情和蓬勃发展的新农村吸引着他毅然踏上回乡的路，利用自己所学在荷叶村开办高品味民宿，让更多人爱上自己的家乡。

（案例来源：新华网-《四川峨眉："85后"留学生返乡创业 让故乡成为更多人想去的远方》，2022年5月。编者进行了整理和删减。）

单元6 提升创业能力

活动目标：结合案例，分析郭立超的农村创业者类型。

活动时间：20分钟。

活动步骤：

（1）划分小组，采用随机的方式进行分组，每组以4~6人为宜。

（2）汇总导入案例与实践活动中创业者的来源，分析是否还有其他类型的创业者并讨论。

（3）小组发表看法，老师进行点评总结。

任务 2

掌握创业能力

案例导入

岚皋县四季镇：黑猪养殖脱贫户的致富经

"猪肉价钱涨了，卖了 400 头黑猪仔，收益 40 余万元。"陕西省岚皋县四季镇竹园村的黑猪养殖脱贫户祝振珊谈起去年黑猪养殖效益非常开心。

自 2015 年脱贫攻坚战役打响，祝振珊随着"返乡潮"的步伐回到家乡开始发展土鸡养殖和魔芋种植，这位敦实的小伙子，利用国家脱贫攻坚的好政策，养殖土鸡 4000 只，发展魔芋 10 多亩，自己致富的同时还不忘带领乡亲，注册成立了养鸡合作社，将自己的养殖秘籍无偿分享，获得了大家的一致认可。

产业发展刚刚上走上正轨，祝振珊又萌生黑猪养殖的想法，2018 年刚过春节，他就紧锣密鼓地实施他的养猪致富蓝图，租地 800 多平方米建猪舍，同年 7 月，祝振珊的第一批 160 头引种良种母猪如期入圈。由于缺乏养殖经验，第一批引种猪因水土不服陆续死了 60 多头。祝振珊十分着急，村支书杨佩勤得知消息，动员他赶紧去参加养殖技术培训班。

在镇政府和县人社局组织的养殖技能培训一周后，祝振珊回到了自己养猪场，对圈舍进行了消毒，又专门从四川聘请专业养殖技术员帮助配制了中成药对猪仔进行调理，由于处置及时，他养的黑猪又能吃能喝，恢复了正常生长，再没出现过疫病。他每天按时给猪喂食喂水、防虫治病、清理圈舍，忙到晚上11点多才能上床休息。2018年11月底，猪仔陆陆续续开始出栏，因肉质良好很快被抢购一空。截至目前，他家共有繁育母猪230头，预留后备母猪200头，已出栏猪仔400头，向当地贫困户提供猪仔300余头，收入现金40余万元，成为当地有名的科学养猪致富典型。

（案例来源：中国农村创业创新信息网-《全国农村创新创业带头人典型案例——祝振珊》，2020年5月。编者进行了整理和删减。）

分析思考

（1）祝振珊在刚开始养殖黑猪过程中为何导致黑猪死亡？他后来怎样成为科学养猪致富的典型？

（2）同学们从这个案例中得到哪些启示？

知识锦囊

创业者能力是个人或团体所具备的从事开拓性活动时的特殊的心理能力和个性品质，是创业者解决创业及创业组织成长过程中遇到的各种复杂问题的本领，是创业者基本素质的外在表现。它有很强的实践性、一定的开拓性和高度的综合性。创业者的能力体现为开拓创新能力、营销能力、构建网络能力和组织管理能力。

1. 开拓创新能力

开拓创新能力是指人们根据确定的目标与需要灵活地、创造性地运用已知的一切知识与信息提出某种具有独到见解的、新颖的、具有开拓性的而富有积极社会价值的精神产品或物质产品的能力。

创业往往是创新的延续，创新也是创业的基础。农村创业者的开拓创新能力是创业过程中生存和发展的关键。农村创业者应敢于开拓进取，不断创新，并保持思维的活跃。不断吸取新的知识和信息，开发农产品，创造新方法，使自己的创业活动充满活力。

2. 营销能力

营销能力指组织发现或发掘准消费者需求，让消费者了解该产品进而购买该产品的能力。

营销能力是农村创业者应该具备的最重要的能力之一。农村创业者的营销能力提升会促进农产品销路的拓展及经营规模的扩张。营销能力具体包括四项能力：分析市场机会的能力、选择目标市场的能力、设计营销组合的能力和管理营销活动的能力。

3. 构建网络能力

构建网络能力是指农村创业者能够建立本行业的广泛社会网络，从广泛的社会网络中获取高回报的创业信息的能力。

首先，农村创业是一种典型的嵌入式创业，即农村创业和农村社会是息息相关的。农村创业的典型特点是周边都是熟人，熟到世代相邻而居，信用体系、人际关系、商业交往等与城市有很大区别。其次，农村创业者必须掌握丰富的创新、生产销售等诸多信息，建立广泛的社会网络。这些网络具体包括人际网络、销售网络、供应链网络和信息获取网络。

4. 组织管理能力

组织管理能力是指为了有效地实现目标，灵活地运用各种方法把各种力量合理地组织和有效地协调起来的能力。农村创业者要具有把各项生产要素有机组合起来，形成系统整体合力的能力。农村创业者应该成为研究、开发、生产、销售等各个环节的协调者、组织者和领导者。

组织管理能力体现为"五个好"，见表6-1。

表6-1 组织管理能力的体现

五个好	简述
编制一个好规划	包括短期的计划和中长期的规划。
选准一个好产业	即迎合大势的产业、朝阳的产业。
培育一个好市场	即有稳定的销售渠道和忠实的客户。
创新一个好制度	把权力关进制度的笼子里去。
形成一个好团队	科学高效的团队保障组织活动的顺利进行。

农村创业能力拓展

活动背景：

江西宜春：袁州区创业培训强能力 打开群众致富路

"很感谢此次创业培训班，我之前有过创业经历，但是因为缺乏相关能力，结果不太理想。这次培训提供了一个很好的学习机会和平台，我离实现自己的梦想更近一步了。"殊桥村村民张小兰表示。为打开群众致富路，江西省宜春市袁州区飞剑潭乡于日前顺利举办第一期线上创业培训班（SYB）次培训由袁州区就业局培训股创业培训师陈丽进行授课，全乡共计30名村民参加培训。

　　通过培训，各位学员在结合客观条件和自身优势的基础上，了解了现有创业资源与政策，提高了自主创业意识，并纷纷表示将紧跟时代步伐，利用好政府的惠民政策和"互联网+"台，认真学习线上课程，开拓就业新思路，增强抗风险能力，争做新时代致富能手。

（案例来源：中国就业网-《江西宜春：袁州区创业培训强能力 打开群众致富路》，2021年7月。编者进行了整理和删减。）

活动目标： 结合案例，分析村民通过培训班提升就业创业能力的优势。

活动时间： 20分钟。

活动步骤：

（1）划分小组，采用随机的方式进行分组，每组以6～8人为宜。

（2）各小组讨论培训班对提升村民创业能力优势体现在哪些方面？是否会出现流于形式的问题？

（3）小组派代表交流发言，老师进行点评总结。

任务 3

树立创业价值观

案例导入

太空植物种到了青海穷山沟

王晓鹏，男，1991年9月出生，青海省西宁市湟中区鲁沙尔镇陈家滩村人，中共党员，毕业于青岛科技大学信息工程专业。自创业以来，以创新农业科技，助力乡村振兴为发展口号，注重理论知识的研究和学习，强化农业科技创新，与省内外的多家科研单位建立了科技合作与成果转化联系，形成了以科技带组织、组织带园区、园区带农户的经营模式，积极引进适合本地的农作物新品种，推广农业实用新技术，引导农民走高产、优质、低耗、高效的生态农业之路。

立足乡土，返乡创业

田家寨镇位于青海省西宁市湟中县东南部，是名副其实的穷山沟。经过多次学习考察，王晓鹏和志同道合的朋友一起投身建设千紫缘，秉承"立足乡土、转型创新"的理念，支持小南川地区脱贫攻坚，帮助贫困户"造血"脱贫。

加强学习，发展特色产业

刚开始，由于缺少专业知识的储备，王晓鹏起早贪黑，不懂就学，利用晚上时间努力学习农业特色种植技术、乡村旅游振兴、一二三产业融合发展等方面的业务知识，以与时俱进、不断开拓的无畏勇气迎接着时代赋予的机遇与挑战，迅速实现由外行到内行、由毕业到就业的转变，历经127天探索与实验，千紫缘的第一杯枸杞芽茶问世，从此填补了青藏高原不产茶的历史空白。

敢为人先，引进太空植物

2017年，偶然间听说有专家来青海考察选址，准备培育航天农作物花卉种子。听到消息的王晓鹏邀请专家来到田家寨镇考察，于是，才有了现在青海省唯一的"太空植物博览园"，400多斤的大南瓜，3米长的蛇瓜、丝瓜，单株累计产量能达到3000公斤的西红柿树等太空植物在"穷山沟"落地生根，茁壮生长。

（案例来源：人民网-科普中国-科技点亮智慧生活-《太空植物凭什么种到穷山沟？村支书给你说说绿色发展之路》，2017年6月。编者进行了整理和删减。）

分析思考

案例中农村创业者王晓鹏具备成功创业者的哪些价值观？

知识锦囊

树立正确的创业价值观有助于农村创业者自身发展，同时引领周边群众脱贫致富，是推进共同富裕的必由之路，符合乡村振兴战略的要求。农村创业者多数出身于农村，他们对农村有深厚的感情。农村创业者返乡创业不仅是为了自己致富，同时为了带动乡村发展。因此，农村创业者需要做好"一懂两爱"培育、创新创业知识导入、理论与实践衔接，树立正确的价值观。

1. 做好"一懂两爱"培育

"一懂两爱"培育，是树立农村创业者价值观的首要建设内容。一方面，将各种蕴含思想政治教育元素的内容与农业专业知识有效结合，将"一懂两爱"、三农发展理念、国家战略、农业发展成就和农人榜样、品德养成和学习方法等融入生产生活中，培养农村创业者三农情怀、使命担当和专业修养。另一方面，明确为谁树人育才，引领农村创业者的价值取向，确保农村创业者的政治站位。

2. 做好创业知识导入

对农村创业者进行创业教育倡导自主性学习和实践型学习。一方面，围绕乡村产业、文化、生态等多种元素，农村创业者根据自己的兴趣设立创新创业项目进行理论和实践的学习。另一方面，采用情景模拟的形式，由农村创业者扮演整个生产链条上的各种角色，确立项目组织结构、拟定项目目标，以实现目标为动力，运行拟定项目。最后，通过让农村创业者充分参与的方式，在发现和解决项目问题的过程中，培养农村创业者的团队协作、组织、管理和实践能力，从而达到学习目的。

3. 做好理论与实践衔接

农村创业者的创新创业教育应当要嵌入到当地农村创业生态系统中。一方面，建立人才培育与地方发展的联动机制，实现农村创业者理论基础巩固和实践能力提升两手抓，提升整体创新创业能力。另一方面，农村创业者运用创业知识学以致用，进行项目的设计与执行。最后，摆脱固化的"重理论、轻实践"的模式，将理论学习与实践活动有效衔接。

创业价值观内涵

活动背景：

学习完本单元后，同学们对各自的创业能力应该有了一定的认识，请同学们判断自身开拓创新能力、营销能力、构建网络能力和组织管理能力。

活动目标： 客观认知自身是否具备创业的基本能力。

活动时间： 20分钟。

活动步骤：

（1）请根据所学内容，按照自身情况，客观地在表6-2中为自己的创业能力评分，各项指标均分为0～10分，10分为最高分，0分为最低分。

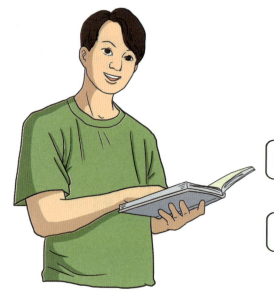

（2）请根据自身各创业能力分值情况，反思如何提高自身分值偏低的创业能力，老师可点评指导学生。

表6-2 自测创业能力

能力分类	评分										
	0	1	2	3	4	5	6	7	8	9	10
开拓创新能力											
强化营销能力											
构建网络能力											
提升管理能力											

单元总结

本单元共有三个任务，围绕三个任务分别介绍了如何认识创业者构成、掌握创业能力和树立创业价值观。创业者是创业过程中的行动主体，完成创业过程中的各个环节。创业者的能力和素质直接影响着创业的成功与失败。通过本单元的学习，希望同学们能够对农村创业者有全面的了解，对创业者应该拥有的能力有充分的认识，并树立正确的创业价值观，在未来的创业活动中，提升自身的创业能力，用正确价值观指导创业活动，走向创业成功。

课后训练

活动背景：

梁政远研究生毕业后，就在无锡搞水产养殖。短短4年，梁政远从一无所有就发展了4个养鱼基地，年销售额达到300万元以上。虽然养鱼时间不长，但他养鱼从未失手过，年年都有钱挣，他到底有啥养鱼的诀窍呢？

2010年，红鲷鱼被梁政远的老师董在杰引进无锡，由于没人见过这种鱼，大家都不敢养，而梁政远敏锐地意识到这是个很大的商机。他通过各种渠道解决了前期投资基金的问题之后，承包了200亩水塘并从马来西亚空运了30万尾鱼苗，开始养殖红鲷鱼。

一开始引进的红鲷鱼并不受消费群体的认可，销售量惨淡。梁政远改变了推广思路，直接和餐饮公司去对接。从2011年至今，梁政远就是靠着这样的推销方式，一家一家的去酒店做全鱼宴，打开了红鲷鱼的销路。

为防止养殖风险，梁政远的大部分时间都在几个养殖基地"蹲点"。同时，他利用自身的专业优势，积极开展科研。他说："只有技术领先，拿出别人没有的产品，才会在市场上占据优势。"几年来，梁政远的公司与世界渔业中心、中国淡水渔业研究中心、亚太综合养鱼研究中心、南京农业大学等单位合作，完成了国家、省、市一批重点科研项目，取得多项国家发明专利。如今，梁政远一年靠卖鱼和苗销售额达300万元以上。

（案例来源：猪友之家网-《梁政远：建养鱼基地养殖会变色的红鲷鱼年售300万》，2016年3月。编者进行了整理和删减。）

活动目标： 学会识别创业机会，正确认识自己的创业能力，提升个人创业能力。

活动时间： 20分钟。

活动步骤：

（1）随机分组，6~8人组成一个小组。

（2）结合案例，分析案例中体现了创业者的哪种创业能力。

（3）老师组织同学们进行讨论并点评总结。

单元 7
组建创业团队

拥有一个优秀的创业团队，意味着创业计划更加完善，分工合作更加细致，这些都是独立创业者所不具备的。农村创业团队在主体、领域、方式等方面日益丰富，蕴含巨大的创造活力。本单元主要介绍农村创业团队的概念内涵、创业团队的组建原则、创业团队的组建程序以及创业团队的常见问题。

学习完本单元后，希望同学们做到：
①理解创业团队的定义及类型。
②掌握创业团队的组建原则。
③熟知创业团队的组建程序。
④了解创业团队的常见问题。

任务 1　了解农村创业团队

案例导入

"90后"创业团队：种植"仙草" 坚持梦想

"马上到五月份，就能迎来采摘石斛花的时节了。石斛花中蕴含的独特成分，有安神解郁的功效，可以起到改善睡眠的作用……"初春时节，阳光明媚，空气清新，安徽省霍山县诸佛庵镇三河村内的一处石斛种植基地里，吴菲正在进行网络直播，向网友解说霍山石斛的相关知识和功效。

吴菲是安徽极石生物科技有限公司的三位合伙人之一，另外两位同样为"90后"。三个人有比较明确的分工，公司创办人刘波平时主要负责统揽公司各项事务，张超负责基地种植方面的工作，而吴菲则主要负责市场营销。刘波是一名退伍军人，2009年退伍后，他先后经历了三次创业，直到2014年创立安徽极石生物科技有限公司。说起创业经历，他坦言，自己的第一桶金是做淘宝电商挖到的。

在人生创业的路上如果有一位好老师，会少走很多弯路，少吃很多苦。刘波十分幸运，遇到了这样一位创业路上的"引路人"。2016年年初，刘波结识了霍山石斛非遗传承人何祥林，在他的建议下，刘波在老家三河村的山上开始小规模试种，如今，他的石斛基地占地一百多亩，已经初具规模，不久前，基地还被省委组织部、团省委命名为第五批安徽省大学生返乡创业示范基地（园）。

说起自己如何组建创业团队时,刘波说,在寻找合伙人时,除了人品、能力,他最在意的就是共同的价值观。"创业光有梦想是远远不够的,毕竟,在创业过程中会遇到许多意想不到的困难,这个时候,就需要有强烈的使命感让自己坚持下去不放弃。"说到创业感悟,三个年轻人都笑称,虽然看到身边的一些创业者选择离开,但是他们依然走在坚守梦想的路上,并且觉得每天都过得"很充实"。抗压能力肯定是创业成功一个必不可少的要素,这需要在失败和逆境中磨炼。而快速发展的组织,每天都在驱使着年轻的创始人更快速地成长。刘波说:"好在年轻,有的是机会和勇气面对失败、拥抱未来。"

(案例来源:人民网-安徽频道-《90后创业团队:种植"仙草"坚持梦想》,2021年8月。编者进行了整理和删减。)

分析思考

(1)结合案例,说一说怎样定义一个好的创业团队。
(2)你会依据哪些因素将创业团队分类?

知识锦囊

农村创业是组织化经营在农村领域的体现,一开始就应该具备现代化特征,而团队经营就是其集中体现。因此,农村创业者在初创组织时就应该组建创业团队。创业团队的凝聚力、合作精神、立足长远目标的敬业精神会帮助新创组织度过危难时刻,加快成长步伐。另外,团队成员之间的互补、协调及创业者之间的补充和平衡,对农村创业团队起到了降低管理风险、提高管理水平的作用。

了解农村创业团队

1. 创业团队的定义

创业团队定义为积极参与组织发展且有重大财务利益的两个或更多的人。现有的创业团队定义大多强调了创业团队的创始人团体和组织新创阶段特点,其存续时间从启动前的筹备活动一直到新组织创建后的成长管理阶段。

综合国内外的研究成果,本书的创业团队是指由一些才能互补并拥有共同目标、标准和责任而相互依赖的个体所组成的正式群体。可以看出,创业团队一般是指由两个或两个以上具有特定利益关系,彼此共享知识、承担责任,并通过合作为某个组织或某个创业目标而努力工作的特殊群体。

2. 创业团队的类型

创业团队可以依据创业团队的组成者之间的相互关系划分为三种类型:星状创业团队、网状创业团队、虚拟星状创业团队。

(1)星状创业团队。星状创业团队是目前农村创业活动中最常见的创业团队,也称为核心主导型创业团队,一般由一个团队的核心人物作为团队的领导者,领导根据自己的创业理念和需求形成一个团队,而团队中的其他成员作为支持者。

（2）网状创业团队。网状创业团队也称群体型创业团队。一般来说，网状创业团队的成员在创业前都有着密切的联系。在沟通的过程中，成员们基于一个共同的想法，对一个想法有共同的理解，创业行为也达成一致后便开始创业。由于没有明确的核心人物，创业团队的每个成员基本上都扮演着协作者或合作伙伴的角色，每个成员的地位相对平等。

（3）虚拟星状创业团队。虚拟星状创业团队是由网状创业团队演化而来，是前两种类型的中间形式。团队中有一个核心领导成员，但核心成员的主导地位是由团队的所有成员商讨确立的。因此，虽然核心领导成员比普通团队成员拥有更多的话语权，但更接近整个团队的代言人。核心领导成员不是真正的领导者，其行为必须充分考虑其他团队成员的意见。

创业过程是一个充满了不确定性的过程，不同的创业团队各有特点，不存在优劣之分。创业者应该根据创业团队的实际现状，选择适合创业目标需要的创业团队，发挥出优势，规避劣势，打造优秀创业团队。三种类型创业团队优缺点对比见表7-1。

表7-1 三种类型创业团队优缺点对比

类型	优点	缺点
星状	决策程序简单，效率高；团队结构紧密。	容易造成权力过于集中，决策风险加大；成员与核心层冲突时，通常选择离开。
网状	成员地位平等，有利于沟通交流；面对冲突，易达成共识，成员不会轻易离开。	结构较为松散，易形成多头领导局面；决策效率相对较低；成员一旦离开，容易导致团队涣散。
虚拟星状	不过于集权，又不过于分权；核心成员具有一定威信，能够主持局面。	核心成员对团队的控制力不足；决策效率较低。

实践活动

活动背景：

葡萄架下，浇灌"果业振兴梦"

孙思捷，上海交通大学硕士，中国鲜食葡萄栽培新模式项目负责人。农业科研，一头连着理论，一头连着生产。考上研究生后，他把专业方向定位在"葡萄与葡萄酒专业"，一头扎进果园，想通过自己的科研实现"果业振兴梦"。

孙思捷加入了学院的葡萄栽培生理与抗逆机制课题组。经过深入研究得出结论：制约我国葡萄产业进一步发展的根源是"三缺"——缺栽培技术、缺优质土壤、缺可持续的配套服务；表现为"三低"——葡萄品质化程度低、产种率低、果农收入低。为此，课题组成员上山下滩，去山东东营、宁夏银川等地辗转调研，寻求葡萄提质增产的良方。

种葡萄不是件简单的事。葡萄在南方易受涝害，在北方易受冻害，并且受土肥条件限制极大。传统栽培技术下，根系在地下无限生长，水肥利用不足，根系衰老死亡后无法再支撑庞大的树体。针对这一情况，在老师指导下，孙思捷和团队成员大胆应用了根域限制的思路，将根系控制在规定范围内，利用独创的控根器系统，刺激树体不断长出新生幼根，且自觉绕路，在土壤里形成"千丝瀑布"，充分吸收营养，以达到优质高产的效果。

7年果树栽培的学习与实践，让孙思捷坚定了以创新创业服务乡村振兴的决心。虽然创业之路还在起步阶段，但他将坚守学农为农的初心，用小葡萄成就大产业，让一串串晶莹甜蜜的葡萄成为农民增收致富的"金蛋蛋"。

（案例来源：《光明日报》-《乡土情结与创业梦想，这样融为一体——"创"出青春精彩，助力山乡巨变》，2022年9月。编者进行了整理和删减。）

活动目标：根据背景活动中提到的案例，概括在葡萄改良过程中科研团队产生的作用。

活动时间：20分钟。

活动步骤：

（1）划分小组，采用随机的方式进行分组，每组以4～6人为宜。

（2）老师先列举出不同类型创业团队的优缺点以及掌握管理创业团队的技巧和策略，起到启发的作用。

（3）讨论要包含以下两个方面：

　　①说出本组想要创建的创业团队的具体形式，并进行优劣势分析。

　　②探讨总结本组创建的创业团队对创业成功的重要性，组建创业团队的思维方式及其对创业活动的影响，说出创业团队领袖的角色与作用是什么。

（4）小组代表发表看法，老师进行点评总结。

任务 2 遵守创业团队的组建原则

 案例导入

绿色创业梦 铸就甜美生活

张永利，男，中共党员，1975 年 5 月生人，毕业于北京市农业学校林业专业。2018 年 12 月经组织推荐兼任北京冷链在线电子商务有限公司总经理。2020 年春节前夕新冠疫情突然暴发，打破了农产品供需市场平衡，让买菜、卖菜两头难。张永利看在眼里急在心里，他召集团队核心成员想对策谋出路，在"不裁一个人，不降一分薪"的前提下，带领团队开辟新渠道，利用多年来积攒的稳固上下游产业链优势，应急采购蔬菜产品十余万斤，平价供应到普通消费者手里，破解蔬菜"产销两头难"。

与此同时，他牵头带领公司与餐饮客户携手开发"安心菜篮"外卖包业务，从运作模式上化解蔬菜买卖"两难"问题。这不仅是张永利通过个人努力创造的成绩，还是团队合作共赢创造的成果，既成就了自己也成就了整个团队。张永利常说：我始终坚信，只要团队成员有共同目标，勠力同心；坚持以优质的产品、专业的水准服务客户，永不止步，定能大有可为！

（案例来源：《第 4 批全国农村创业创新优秀带头人典型案例汇编》，中国农业出版社，2021 年 8 月。编者进行了整理和删减。）

分析思考

团队是创业者的创业基石。结合案例分析团队相较于个人有哪些优势。

 知识锦囊

创业不是一个人的事情，即便是在农村，也很少有一个人就能做好的组织。农村创业往往需要少则一个家庭，多则一个群体来出谋划策以及提供资源。因此，创业团队对农村组织的创立与成长很重要。农村创业在创业初级阶段，往往是根据感情创立团队的，例如亲朋好友之间的共同想法，但随着农村组织的逐渐运行与发展，后续会衍生出很多的问题，比如股东之间不和、产生矛盾的现象比较普遍。所以，农村创业者在初创组织时就应该明确选择谁作为创业伙伴组建创业团队，主要体现为团队组建的四个原则。

1. 人员结构合理

团队由不同性格的人组成，团队中的每个人风格应该互补。人员结构合理的团队是在农村创业的前提条件。对农村组织而言，农业生产周期性强、受天气影响大，同时要与农村人员维系良好关系，创业环境纷繁复杂。首先，农村创业团队的负责人必须目标明确，有毅力去实现组织的目标；其次，骨干员工能够解决组织运行中的复杂问题；再次，"开心果"类员工扮演着团队润滑剂的角色，帮助组织顺畅运行；最后，保障类员工解放了团队中的其他成员，是团队能够正常运作的重要一环。

2. 创业观念一致

农村组织团队中的人员虽然性格各异，但拥有一致的创业观念是组织长远发展的必要条件，主要体现为"四个思维"，见表7-2。

表7-2　创业观念的"四个思维"

四个思维	概述
验证性思维	验证性思维包括以下步骤：初步假设、寻求验证、修正思维、进一步验证和应用。许多创业组织在发展过程中都体现了验证性思维，这种思维在农村创业中被广泛应用。
战略性思维	战略性思维要求以遵循规律性为基础，以已形成的目标格局为导向，促使现实问题从当前状态向目标状态演化。
互联网思维	互联网思维就是在（移动）互联网、大数据、云计算等科技不断发展的背景下，对市场、对用户、对产品、对组织价值链乃至对整个商业生态进行重新审视的思考方式。
创业思维	创业思维主要表现为管理思维。管理思维是按照管理的规律，在开展工作之初有较好的目标，有人力、财力、物力的优化配置之后执行行动方案。

3. 具备合作精神

成功的创业者，往往都是因为有一个比较默契的合作团队。而失败的创业者，往往是因为股东之间合作精神的丧失，即堡垒最容易从内部被攻破。

对于农村组织而言，团队成员要学习自然界中的群狼，培育"狼性文化"。这种文化体现了"敏锐的嗅觉，不屈不挠，奋不顾身的进攻精神和群体奋斗"的特征。"狼性文化"要求组织从管理层到各个团队成员保持对市场发展、客户需求的高度敏感，保持对市场变化的快速反应与极强的行动能力，保持强大而坚定的信念与运转过程中的高效团队作战能力。

4. 建设学习型组织

学习型组织的概念由彼得·圣吉提出，他被誉为"学习型组织之父"。学习型组织的内容包括五项修炼，见表7-3。

表7-3　学习型组织的五项修炼

五项修炼	概述
自我超越	自我超越即组织中的每一成员都要看清现状与自己的目标的距离，从而产生出创造性张力，进而能动地改变现状而达到目标。自我超越是五项修炼的基础。
改善心智模式	心智模式是指存在与个人和群体中的描述、分析和处理问题的观点、方法和进行决策的依据和准则。它不仅决定着人们如何认知世界，还影响人们如何采取行动。
建立共同愿景	共同愿景源自个人愿景，它是经过各成员相互沟通而形成的组织成员都真心追求的愿景，它为组织的学习提供了焦点和能量。创业只有有了共同愿景，才能形成强大的凝聚力，推进事业不断地发展。
团队学习	组织由很多目标一致的团队构成。团队学习指每一团队中各成员通过深度会谈与讨论相互影响，以实现团队智商远大于成员智商之和的效果。整个团队就像凝聚成的激光束，形成强大的合力。
系统思考	系统思考的核心就是从整体出发来分析和解决问题。它可以帮助组织以整体的、动态的而不是局部的、静止的观点看问题，因为为建立学习型组织提供了指导思想、原则和技巧。系统思考将前四项修炼融合为一个理论与实践的统一体。

在这五项修炼中，最重要的是第五项修炼，因为农村创业团队在系统思考时，其他四项修炼自然会实现。

实践活动

活动背景：

不忘初心，做健康中国的传"艾"大使

高浪钦，男，2014年毕业于福州大学，曾获第五届中国"互联网+"创新创业大赛全国金奖、精准扶贫奖，获评"福建省大学生创业之星"等荣誉称号。

2017年他从设计院离职，并以此为契机，与几个志同道合的朋友组建"博艾兴农"团队返乡创业，扎根农村，并发挥各自的专业特长，创建了福建闽艾堂生物科技有限公司——福建首家专门从事艾草种植、加工、销售和休闲养生的综合型企业。

该公司通过向种植户或农村合作社提供优质艾草种苗，并与其签订种植包收购协议，建立艾草加工厂、艾草产品展销中心及艾灸理疗馆，将艾草产业引入农村，有效实现了种、产、销一体化，建立了一条艾草产业"三产"融合创新产业链。

此外，高浪钦与团队还在不断深挖艾草价值，在种植基地旁，配套建立了艾草文创园、艾文化研学基地、艾草美食农家乐和艾灸理疗馆等主题场所，推动艾草产业"三产"融合，多渠道实现产业升级。

"博艾兴农"团队，立志于成为健康中国的传"艾"大使，坚守初心，为客户提供高品质艾草及艾产品，用行动助力农民脱贫增收与乡村振兴事业，汇集八方力量，共同助力中医药走向伟大复兴！

（案例来源：中国福建三农网-《全国农村创业创新优秀带头人典型案例 | 高浪钦 闽艾堂，打造艾草产业三产融合创新产业链》，2021年2月。编者进行了整理和删减。）

活动目标： 结合案例，探析在创业中还需要注意哪些原则。

活动时间： 20分钟。

活动步骤：

（1）划分小组，采用自愿组合的方式进行分组，每组以4～6人为宜。

（2）老师总结知识锦囊中的原则在创业团队中的重要性，起到启发的作用。

（3）讨论要包含以下两个方面：

① 根据自己所选的案例，思考假如你要创业，在组建创业团队时会如何选择合作伙伴，选择怎样的合作伙伴。

② 小组讨论：在组建创业团队时，还会遵循什么原则？将如何建立你团队的管理制度？

（4）小组代表发表看法，老师进行点评总结。

任务 3

确认团队组建程序

案例导入

杨家庭:"养牛这条路,我走对了"

杨家庭是四川省广元市旺苍县南溪村人,是当地有名的养牛大户。养牛前,他干过不少营生,搞过建筑,砖厂打过工,经营过货车,承包过煤厂,挖到人生第一桶金。2013年,杨家庭决定返乡养牛,他掏出全部积蓄80余万元,贷款10万元,借款30余万元,修建养牛场,最先散养,后来圈养。

2016年,他发现想要扩大养殖和销售规模只靠他一个人很难做到,于是他通过"专合社+贫困户"的运营模式吸纳23户村民共同创业,成立山清养殖专业合作社,壮大了经营队伍。合作社与贫困户形成利益联结机制的模式,让贫困户的扶贫资金入股,解决了合作社资金链的问题,也带领群众走产业脱贫发展道路,带动杨波、刘忠保等10余户村民养殖母牛,合作社负责回收、销售,取得了较好的经济收益。

(案例来源:四川科技网-乡村振兴-《杨家庭:"养牛这条路,我走对了"》,2021年12月。编者进行了整理和删减。)

分析思考

(1)一个好的团队应该具备的要素是什么?
(2)组建一个完备的创业团队有哪些步骤?

知识锦囊

农村创业团队的组建程序对团队的有序运行起到至关重要的作用,主要包括确立创业目标、制定创业计划、招募团队成员、明确权责划分、构建制度体系和调整完善团队六个步骤。农村创业团队的组建程序如图7-1所示。

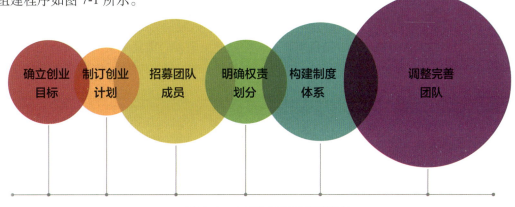

图 7-1 农村创业团队的组建程序

1. 确立创业目标

创业团队组建后将长期合作,由于农村创业活动的主体更多的是农户,他们可能会面临生命中最具挑战性的事业,这需要强大的动力,凝聚各方力量,并持之以恒,这种驱动力就是创业最初的愿景。一个真正的团队愿景,可以激发每个人的战斗精神,使所有成员紧密联系在一起,淡化人与人之间的利益冲突,形成强大的向心力,推动整个团队前行。

要确定创业目标,就要首先确立创业阶段的目标,即创业阶段的技术、市场、组织、管理,实现组织从无到有的突破。在总体目标确定后,为了更好地促进目标的实现,需要对总体目标进行细化,制定一系列可行的分阶段的子目标。

2. 制订创业计划

在确定了一个个阶段性子目标及总目标后,接下来的工作是实现这些目标,这需要制订周密的创业计划。

创业计划是在对创业目标进行具体分解的基础上,以团队为整体来考虑的计划,创业计划确定了在不同的创业阶段所需要完成的阶段性任务,以及达成任务的途径与方法,团队按照创业计划执行约定的步骤来实现最终的创业目标。

3. 招募团队成员

招募团队成员是创业团队组建中关键的一步,农村创业中创业者可能会因为血缘或社会关系排挤他人、招募大量亲朋好友,而忽略团队组建的科学性。

关于创业团队成员的招募,主要应考虑两个方面:一是考虑互补性,即考虑能否与其他成员在能力或技术上形成互补。这种互补性形成既有助于强化团队成员间彼此的合作,又能保证整个团队的战斗力,更好地发挥团队的作用。一般而言,创业团队至少需要管理、技术和营销三个方面的人才,缺少其中任何一个,团队将无法高速有效运转。二是需要考虑团队规模。适度的团队规模是保证团队运转流畅的重要条件，团队成员太少则无法实现团队的功能和优势，而成员过多则可能会产生交流的障碍，一般认为团队成员规模需要控制在 2 ~ 12 人，以四五个人最佳。

4. 明确权责划分

为了保证团队成员坚定执行创业计划、顺利开展各项工作，必须预先在团队内部进行职权划分，具体明确每个成员的职责和相应权限。

划分权责时既要保证每个人能力的合理利用，又要避免职权的重叠交叉或无人承担。此外，由于创业过程中面临的环境动态复杂，会不断出现新的问题，团队成员可能会出现更换，团队成员的权责也要根据需要不断进行调整。

5. 构建制度体系

创业团队制度体系体现了创业团队对成员的控制和激励能力，主要包括团队的各种约束制度和激励机制。

一方面，创业团队通过各种约束制度（主要包括纪律条例、组织条例、财务条例、保密条例等）避免成员做出不利于团队发展的行为，从而实现对团队成员的约束，保证团队秩序的稳定。另一方面，创业团队要实现高效运作需要有效的激励机制（主要包括利益分配方案、奖惩制度、考核标准、激励措施等），使团队成员看到团队成功后自身利益得到保障，达到调动成员工作积极性的目的。

要实现有效激励，首先要把各成员的收益模式讲清楚，尤其是关于股权、奖惩、加入与退出等与团队成员利益密切相关的事宜。必须注意的是，创业团队的制度一旦协商同意，则应该以规范化的书面协议确定下来，以免带来不必要的混乱。

6. 调整完善团队

运转流畅的创业团队并非创业一开始就能建立。很多时候，随着创业团队的运作，团队组建时在人员匹配、制度设计、权责划分等方面的不合理之处逐渐暴露出来。

团队对问题进行修正调整，当问题逐渐被发现时，展现在面前的是一个初具规模的创业团队。团队问题的暴露是一个动态持续的过程，团队调整是分阶段的动态过程。创业团队阶段特征与调整重点见表 7-4。

表 7-4　创业团队阶段特征与调整重点

阶段	特征与重点
形成期	初步形成创业团队的内部框架、建立创业团队对外工作机制
规范期	通过交流想法设定团队目标、成员职责、流程标准等规范性制度
震荡期	隐藏问题暴露，公开讨论、顺畅沟通、改善关系、解决矛盾
凝聚期	形成有力的团队文化、更广泛的授权与更清晰的权责划分
收获期	遇到挑战，提升团队效率解决问题，取得阶段性成功
调整期	对团队进行整顿，明确新阶段的计划、目标，优化团队规范

实践活动

活动背景：

自行组建创业团队，从以下给出的农村商业机会中任选其一：①办一家原生态调味品生产企业；②开一家老年代步工具店；③开一家植草砖生产经营店；④经营农村创意手工产品；⑤经营季节性热卖新奇特产品；⑥经营代替劳动力的产品；⑦办一家生产香蜡纸烛和鞭炮的工厂；⑧开一家副食品制作销售店；⑨代理辅导学习App；⑩开一家丧葬用品供应店；⑪开一家安装和定制电动卷闸门的门店；⑫羽绒服的干洗和修护。

活动目标： 划分团队成员职责，选出团队领导，设计团队职能分工，明确创业目标。

活动时间： 25分钟。

活动步骤：

（1）划分小组，采用自愿组合的方式进行分组，每组以4～6人为宜。

（2）老师总结创业团队的组建程序以及阶段特征，起到启发的作用。

（3）讨论要包含以下两个方面：

①根据创业团队的组建程序，小组分工，并思考一个团队需不需要定期的人事变动或岗位轮换。

②在创业团队的不同阶段中，创业团队会遇到哪些问题？如何调整以克服其问题？

（4）小组代表发表看法，老师进行点评总结。

（草砖）

（香蜡纸烛、鞭炮）

（副食品）

任务4 解决创业团队问题

 案例导入

梦想放飞在希望的田野上
——记山东省菏泽市植保无人机女飞手赵鑫

2017年，赵鑫购买了第一台植保无人机，聘请搞马铃薯服务时认识的韩宗福做无人机飞手。农闲时，赵鑫就带着团队下乡搞调查和宣传，真诚的服务，赢得了客户的信任，无人机打药业务逐渐拓展开来。赵鑫又购买了两架无人机，并将韩宗福拉为了合伙人，共同成立了郓城县鑫福农业综合开发有限公司，还成立了郓城县首家共享植保无人机技术服务站和供销e家无人机大联盟。随着业务扩展，服务队伍不断壮大，一些飞手职业素养不高、不懂植保知识等问题显现出来。当接到投诉时，赵鑫着手对员工开展培训。她说："公司发展需要志同道合的人，第一批跟着做无人机植保的人，不仅是一个飞手，还是公司未来的合伙人。"通过培训，员工的职业技能、职业素养和敬业精神大幅提升。

截至目前，赵鑫的公司累计服务约20万农民，完成近450万亩次飞防作业任务，直接农业机械化托管近10万亩，同时解决了150多名农村青年就业。公司从最初的2人发展到拥有80余架植保无人机和100余名飞手的专业化队伍，从最初的单一飞防植保服务发展成为"耕、种、管、收"全程机械化服务托管的专业化社会化服务组织，将农民从繁重的劳动中解放出来，减少人工及生产成本，增加农民收入。

（案例来源：中国农网-《梦想放飞在希望的田野上——记山东省菏泽市植保无人机女飞手赵鑫》，2022年3月。编者进行了整理和删减。）

分析思考

（1）团队是一个组织真正的资本。你认为团队初期最需要哪种人才？

（2）在组建创业团队时可能会遇到什么问题？

知识锦囊

在农村地区，不同的创业者在共同的创业愿景鼓舞下组成了创业团队，为共同目标而努力。该地区相对信息较少，社会资源较城市稀缺，部分人员知识储备不足。随着创业进度的开展，团队成员会在资金筹措、利益分配、管理原则、发展方向上出现许多预料不到的问题，这些问题都可能影响到团队的发展。

1. 创业团队的常见问题

创业团队的常见问题主要从创业理念、素质能力和团队合作三个方面体现，见表7-5。

明晰创业团队的问题

表 7-5 创业团队的常见问题

问题类型	问题表现
创业理念	团队成员想法不一，各有所图；团队成员心态不够好，准备不足或信心不足。
素质能力	核心领导人的德和才不足以领导整个团队；团队成员能力不足，结构不合理。
团队合作	团队缺乏有效沟通机制，缺少合理工作程序；团队利益分配不到位，存在潜在利益纠纷。

（1）创业理念。

在创业初期，团队成员拥有共同的目标愿景比技能更加重要，通过共同的愿景，团队可以建立共同的事业目标，促进团队为目标而努力。但是实际上，创业团队成员往往都有自己的想法和观点，特别是团队中具备领导特质的人有两个或两个以上时，意味着团队存在着不稳定因素。由于农村创业团队成员接受的教育程度不同，对新事物的接受程度不同等原因，经常碰到的具体问题就是团队成员想法不同或心态不好，直接表现为团队班子不稳定，意见不一致，不相信核心创业者和团队成员存在某些不足之处，自高自大，不愿接受新的优秀人才加盟进来，从而制约组织的发展壮大。

（2）素质能力。

一方面，很多农村创业团队在短时间内消亡，很重要的原因在于创业团队的带头人不是一名合格的领导者。在组织开创之初，一名具备领袖气质的领导人是不可或缺的支柱，这个领导人指引着整个创业团队的方向。这个领导人不单单需要具备团队管理能力和市场运作能力，更重要的是需要在团队成员中有着巨大的、无形的影响力，有着一呼百应的气势和号召力。另一方面，农村创业团队还存在成员来源比较单一，缺少外地成员，团队人才互补性不强的问题。团队之所以能够优于个人，是因为通过团队投入进去的各个生产力互相作用产生相应的效果，这种效果可能会削弱也可能增强，但在合理利用后，必然会大于各个生产力分开投入产生的效益。特别是在两种主体之间存在互补性时，互补性程度越高，那么两者共同创造的价值会大于每个人独立使用的价值和。

（3）团队合作。

一方面，农村创业团队往往是一群关系相熟的人基于共同的创业理念发展而来，而熟人管理往往会引发一系列实际问题。具体到农村，容易出现团队结构不合理、沟通不畅或做事、说法不一致等情况。这样一个团队可能不能处理下列敏感问题：谁拥有多少股权；谁将承诺奉献出多少时间、资金或其他资源；如何解决分歧；一个团队成员如何才能离开和怎样离开。另一方面，团队创业很重要的一个问题就是利益分配，组织在经过发展壮大后，可能会有因为利益纠纷而产生团队矛盾，导致团队的解散等问题出现。

2. 问题的解决方案

针对农村创业团队存在的问题，主要从创业理念、素质能力和团队合作三个方面给出相应的解决方案。

（1）在创业理念方面，要清晰认识团队现状。

创业团队的所有成员都能非常清醒地认识到自身的优势和劣势，同时对其他成员的长处和短处也一清二楚，从而对整个团队的现状有清楚的认识。在此基础团队可以避免各成员因为互相不熟悉、想法不一致而产生的矛盾、纠纷，保证团队的向心力和凝聚力。很多创业团队的成员互相之间非常熟悉、知根知底，而正是因为这份熟悉间的信任，帮助他们避免了很多问题，最终获得了成功。

（2）在素质能力方面，要充分适应团队结构。

中国民间流传着这样一条谚语：一人拾柴火不高，众人拾柴火焰高。团队合作是创业团队的保证。虽然有些夸大其词，却蕴含着一个道理，一个由研发、技术、市场、融资等各方面人才组成的优势互补团队，是创业成功的一大保障。创业团队建立时，需要考虑的重要问题就是成员之间的知识、资源、能力或者技术的互补，以便充分发挥个人的能力与优势，强化队员间的彼此合作，达到一加一大于二的效果。一般来讲，团队成员的知识、能力结构越全面合理，团队创业成功的可能性越大。

（3）在团队合作方面，要提前做好团队设计。

一方面，要有好的制度保证隐藏的问题能够进行反馈并得到解决，以免这些问题经过一段时间的潜伏后爆发，成为团队离心、解散的导火索。另一方面，需要最初创业开始时，将团队中基本的责、权、利说清楚，尤其是股权、利益分配等原则问题，包括未来可能出现的增资、撤资、扩股、融资、人事安排及解散等事宜。

> **实践活动**

活动背景：

<h3 style="text-align:center">记最美创业者谢冬青和他的创业故事</h3>

谢冬青，江西省宜春市袁州区水寨社区人，2010 年 8 月，为响应宜春招商引资号召，回到宜春，在宜春市袁州区医药工业园创办成立宜春新丝路实业有限公司，投资专业生产和销售尼龙轮等抛光产品项目。

创业路上没有平坦和一帆风顺道路，谢冬青也不例外，也经历过艰难、困苦和失败的考验。一场重大火灾，给公司带来了毁灭性的灾难，这场火灾烧毁了整个公司的生产线，并将 4500 平方米的厂房烧至倒塌，烧毁全部的原料库房，造成的直接经济损达 1200 万元。但谢冬青迅速组织招标请来基建队伍，亲自带领所有员工没日没夜的干起来，利用唯一一间未被烧毁的成品库房进行新设备投入和生产，在短短的 45 天时间里，陆续开始向国外客户交货。

这边生产，那边原址重建，另外，新规划的厂房也拔地而起。谢冬青就是这样没日没夜带着他的员工紧锣密鼓的工作了近 10 个月。在经过将近一年的重建后，重建了比以前生产能力翻一倍的生产线，但新的问题又来了，订单跟不上产能，谢冬青又带着他的销售团队国内国外的到处跑，哪有展会赶哪里。市场上产品升级太快，谢冬青又带着他的技术力量，没日没夜地开会研讨、试验、再研讨，再试验，终于创造和拥有了自己独特产品技术含量的风格。

（案例来源：中国就业网-《穿越寒冬，终将四时常青——记最美创业者谢冬青和他的创业故事》，2018 年 5 月。编者进行了整理和删减。）

活动目标： 结合案例，分析其创业过程中遇到了什么问题并如何解决，掌握创业过程中问题的解决方案。

活动时间： 25 分钟。

活动步骤：

（1）划分小组，采用随机的方式进行分组，每组以 4～6 人为宜。
（2）老师分析案例中的问题及其解决方案，起到启发的作用。
（3）讨论要包含以下两个方面：
　①案例中创业团队最初是因为什么原因组合的？在创业过程中遇到了什么问题？
　②创业团队是如何解决这些问题的？你认为他们创业最后的结局是成功还是不成功？为什么？
（4）小组代表发表看法，老师进行点评总结。

单元总结

农村创业团队的组建影响创业活动的工作效率，创业团队结构的合理性影响创业活动能否顺利进行。通过本单元的学习，同学们对创业团队的组建已经有了深入的了解，对创业团队中的常见问题及解决措施已经充分了解学习。希望同学们在自己的创业活动中，遵循正确的团队组建顺序，正确处理团队问题，促进创业活动的顺利进行。

活动背景：在整个班级选出4～6人为小组负责人，依据组建团队的步骤，进行组建团队比赛，通过比赛，让学生熟知组建团队的步骤和方法。

活动目标：组建最佳团队，加深对组建团队的步骤的理解。

活动时间：1小时。

活动步骤：

（1）随机分组，整个班级选出4～6人为小组负责人。

（2）每组负责人拟一份征集合伙人的广告。注意以下几个方面：①你是召集人，不一定是领导者；②创业的初始目标、计划；③你掌握的资源及你需要的资源；④所需合伙人的数量和特点；⑤你对股权分配、团队管理的设想；⑥回报及可能的风险。

（3）小组负责人张贴广告，并进行3分钟的演讲，吸引同学加入你的团队。同学自愿加入一个团队。

（4）教师点评。教师可以从以下方面分析哪个团队组建得更好，看看哪个团队的分较高，落后的团队谈谈将如何赶超对方。

单元 8
制定营销策略

农村创业过程中，制定有效的产品的营销策略是尤为关键的一步。通过农产品营销能够探寻消费需求，结合市场竞争与资源拥有情况，对农产品进行系统策划和市场推广。本单元主要介绍五种农产品营销的概念、特点、作用及提升农产品营销效率的策略。

学习完本单元后，希望同学们做到：
① 认识农产品订单式营销。
② 了解电子商务式营销。
③ 掌握"农超对接"式营销。
④ 熟悉直播带货式营销。
⑤ 理解"社区支持农业"式营销。

任务 1

认识农产品订单式营销

案例导入

发展订单农业让农户与企业实现双赢

陕西秦洋长生酒业有限公司采取"公司+基地+合作社+农户"模式,与农民专业合作社签订种植购销合同并派出技术人员指导,公司在收到优质有机糯稻的同时也让农户实现了增收,形成农企双赢的良好局面。

陕西秦洋长生酒业有限公司负责人陈山说道:"农户按照我们公司有机糯稻谷种植标准要求进行种植,市场收购价每斤糯稻谷1.4元,我们在市场价的基础上每斤增加4.8角,这下算下来每个农户每亩增收500元。"农户的粮食卖到了好价格,企业也得到了优质的酿酒原粮。这种"公司+基地+合作社+农户"订单模式,2020年陕西秦洋长生酒业有限公司在全县多个镇村进行了大力推广,共发展糯稻、小麦种植面积2926亩,与586个贫困户签订扶贫帮扶协议,累计收购粮食1589吨。

(案例来源:"洋县发布"微信公众号-《发展订单农业让农户与企业实现双赢》,2020年11月。编者进行了整理和删减。)

分析思考

(1)本案例体现了农产品订单式营销的哪些特点?请列举出来。

(2)本案例中农产品订单式营销发挥了什么样的作用?

 知识锦囊

农产品营销是指生产或经营农产品的个人或组织以市场需求为导向,通过综合运用产品、价格、促销、渠道等营销策略,在实现农产品交换的同时实现个人或组织利润目标的经营管理活动。

1. 农产品订单式营销的概念

农产品订单式营销的本质是订单农业,又称合同农业、契约农业,是一种新型农业生产经营的营销方式,具体到农村创业领域,是指农村创业者根据其产品特性在产品生产前与农产品的购买者之间签订契约,并根据契约要求组织农产品生产的一种农产品营销模式。

2. 农产品订单式营销的特点

农产品订单式营销很好地适应了市场需要,避免了盲目生产,降低了经营风险,同时,也对经营主体的契约精神提出了较高的要求。农产品订单式营销具有以下三个特点。

(1)市场性。农产品主要为市场而生产,通过市场机制来配置资源。同时,采用先进的经营方式,管理技术和管理手段,从农业生产的产前、产中、产后形成比较完整的产业链条,形成相对稳定高效的农产品销售和加工转化渠道。

(2)预期性。企业对市场需求把握更准,抗风险能力更强,与农户签订单,可以有针对性地生产更有市场前景的产品,避免了市场调节的滞后性而导致品种选择不当、销售渠道不畅、价格波动较大等问题,从而实现企业、农户、消费者的多方获利。

(3)契约性。农产品订单式营销需要交易双方在生产前签订契约。通过签订契约,企业向农户提出他们的需求,农户按照契约规定负责生产。相对于口头协议,书面协议对履约行为有着很强的约束力,除了在法律上对签订合约进行规范,也从意识上提醒合约签订的双方要按照合同行事。

3. 农产品订单式营销的作用

农产品订单式营销是发展农业经济、提高农业创业者收入重要方式。在发展现代农业的潮流下,订单农业的营销方式能够依据市场需求调节农业生产,提升了生产合理性,降低了农村创业的市场风险,具有很大的发展空间和潜在需求。订单农业营销对于拓宽销售渠道、缓解供需矛盾、提升产品质量、促进经济增收等具有重要作用。订单式营销的作用如图8-1所示。

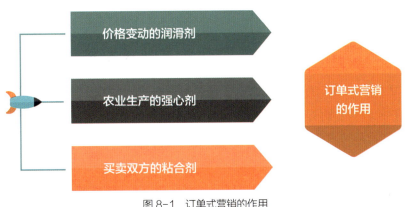

图8-1 订单式营销的作用

（1）价格变动的润滑剂。农产品生产周期长，调整生产难度大，价格波动和市场变化对农户的影响较大，选择比较稳定的订单模式有利于农户分散风险，可以减少价格变动带来的损失，取得较稳定的收入。

（2）农业生产的强心剂。契约的作用体现在两方面：一方面，订单将产品的市场需求反映出来，农村创业者可以根据订单进行生产，具有指导农业生产的功能；另一方面，订单农业合同规定了产品交割的品种、质量、价格和交易方式等，不仅减少了农户生产的盲目性，也能在一定程度上避免市场大幅波动引起的损失。

（3）买卖双方的粘合剂。订单农业营销方式连接了供需双方。一方面，签订契约能够使农村创业者遵守买方要求，改善农产品质量；另一方面，订单规定了农产品的采购数量和最低保护价，使订单双方享有相应的权利、义务，具有约束力，订单生效后不得单方违约，使农村创业者与买方市场形成相对稳定的合作关系。

4.提升农产品订单式营销的策略

农村创业者通过发展订单农业与买方建立长期合作关系,能够保证创业产品有一个稳定的生产、销售的渠道和空间，对于增加农村创业者经营收入具有重要作用。因此，如何提升订单农业营销成功率是关键，可以从以下三个方面入手。

（1）完善合同条款，签订平等合同。在公平、平等的基础上制定合同条款，尊重农村创业者与卖方的知情权和自主选择权，鼓励其严格按照规定履行合同。在平等关系上签订书面合同，有利于提高履约率，减少违约情况，有助农村创业者和买方的长久合作和发展。

（2）规范价格机制，制定合理价格。根据市场上涨的价格类型制定合理价格确定农村创业者未来收益。同时，根据市场价格上涨情况，适当提升收购价格，保障农户收入。

（3）监督中介组织，提供专业服务。中介组织在订单农业中起到桥梁、纽带的作用，尤其是经纪人、中介公司、合作社等。规范中介的组织模式、运行模式，提高参与人员的职业道德、专业性和服务水平，杜绝为达成交易或者拿到政府补贴而使用欺诈、瞒骗的方式制造虚假交易或合作，损害农产品供销双方和政府的利益。

实践活动

活动背景：

"订单农业"让农户种销不愁

岳阳市君山区钱粮湖镇三角闸村，看着长势甚好的稻田，种粮大户昌中富笑弯了腰。"多亏村里引进了'订单农业'，解决了我们的后顾之忧，种销都不愁了。"昌中富告诉记者，他承包了100多亩水田，与湖南雄博农业生态科技有限公司签订了"订单农业"合作协议，第一年由雄博公司提供优质稻种子、农药、肥料，资金由雄博公司垫付，收割时再从应付款中扣除。若遇到种植难题，雄博公司还可全程提供免费技术指导。

此外，雄博公司承诺，收割时按照市场价格每100斤高出5元收购，收割时每亩超出1600斤的，超出部分奖励10%。这样一来，种植风险大大降低。

（案例来源：《岳阳晚报》-《"订单农业"让农户种销不愁》，2021年8月。编者进行了整理和删减。）

活动目标：阅读上述案例素材，分析农产品订单式营销的作用。

活动时间：20分钟。

活动步骤：

（1）划分小组，采用随机的方式进行分组，每组以4～6人为宜。

（2）老师带领同学们回顾农产品订单式营销的特点以及作用有哪些。

（3）结合案例，小组代表发表看法。

（4）老师进行点评总结。

任务 2　了解电子商务式营销

案例导入

大学生返乡创业，电商助阵乡村振兴步履不停

王驰是一名 90 后，在陕西科技大学毕业后，他毅然选择回到了老家周至，当起了一个"不走寻常路"的农民。在经过一系列市场调研之后，他率先选取了秦岭荠菜、野生洋槐花等投资小、竞争低的产品，并在周至县电商微商联盟的帮助下，成立生鲜直达电商平台，将产品销售到了全国各地。

王驰成立的生鲜直达为西安市及边周地区提供生鲜在线订购服务。王驰在周至县建立了近 1 万平方米的仓库，储存猕猴桃、樱桃、水蜜桃、黑布林等周至特色农产品，设有 12 个不同温度的保鲜区，其冷链生产系统及物流配送系统十分先进。生鲜直达电商平台 2017 年成立后以西安市为中心慢慢向外扩展，直到 2019 年才向旁边的延安与宝鸡市部分地区拓展业务。通过电商平台，仅 2018 年一年，团队销售黑布林 8 万余斤，猕猴桃 65 万斤左右。

（案例来源：中国农村创业创新信息网 -《全国农村创新创业带头人典型案例——王驰》，2020 年 12 月。编者进行了整理和删减。）

分析思考

（1）本案例体现了电子商务式营销的哪些要素？请列举出来。

（2）本案例中电子商务式营销发挥了什么样的作用？

> 知识锦囊

电子商务式营销打破了农村创业组织与消费者和原材料供应者之间的物理上的阻碍,拓宽了农产品销售范围。传统的商业营销基本是就近获取原材料进行加工然后就近销售,极大限制了农村创业组织的发展,电子商务式营销的出现极大程度地解决了这一问题,能够有效提升农村创业组织经营收入。

1. 电子商务式营销的概念

电子商务式营销是指农村创业组织利用互联网技术,通过线上建立与消费者和原材料供应商的联系,在线上实现原材料的采购及产品的销售的一种商业营销方式。

2. 电子商务式营销的特点

随着互联网的普及,线上购物越来越走进人们的生活,对于农村创业者来说,开发电子商务渠道是一个重要的战略选择。电子商务式营销具有以下特点,如图8-2所示。

(1)普遍性。通过电子商务可以对市场交易方式进行改变,电子商务式营销具有普适性的特征。消费者可以不受时间的限制,不受空间的限制,随时随地在网上交易。

(2)协调性。电子商务在营销活动过程中减少了商品流通的中间环节,将交易主体紧密联结起来,发挥应有的协调作用。不管是协调卖家与消费者还是协调商家和银行,它都可以发挥很重要的作用。

(3)安全性。在电子商务开展过程中,保障电子商务安全的方法主要包括防火墙、人脸识别、数字证书及数字加密等技术。通过多年的发展,现有的电子商务已具备多种手段兼施的网络保护技术,来有效提升交易的安全性。

图8-2 电子商务式营销特点

(4)集成性。电子商务集成性指的是以互联网作为基础,将生产原材料、产品、消费者、中间商及物流进行有机结合,形成一个强大的完整的集成网络。

(5)高效性。作为比较常见的网络交易方式,电子商务在开展过程中不用太多的人工操作,只需要互联网语言即可展开金钱交易,具备高效性的特征。通过电子商务,卖家能够更快地匹配买家,实现真正的"产-供-销"一体化,能够节约资源,减少不必要的生产浪费。

3. 电子商务营销的作用

电子商务的应用,改变了农产品流通模式,提升了农业经营者在整个流通生产中的地位,也有利于提升农业生产的效率,改变农村创业者的生产模式。

（1）减少流通环节。作为农村创业者，本身因资源和能力的限制，在获取消费、流通等各方面的信息就有相当的局限性和盲目性。电子商务的出现实现了从生产者到消费者的直接流通，减少了流通成本和流通的时间，提高了流通的效益和效率，有效地缓解了资源浪费现象的发生。

（2）降低经营风险。农业电子商务的应用在于能够让农业生产者准确、实时了解市场动态信息，了解市场需求状况，为农业生产者降低农业生产风险，帮助生产者合理组织生产，以避免因产量和价格的巨大波动带来的效益不稳定情况的发生，从而降低农业生产风险。

（3）畅通信息渠道。农村创业者应用电子商务营销畅通信息渠道体现在两方面：一方面，创业者能够主动地选择最有利的市场，并逐步市场交易的主体；另一方面，电子营销利用互联网直接和消费者进行沟通和交易，更加直接、方便地面对消费者，这样不仅更加容易获取客户的信息以及市场的信息，而且更容易掌握议价权。

（4）增加经营收入。电子商务式营销可以为农产品的流通提供更广阔的空间，解决农产品销路难的问题，从而提高农村创业者的收入。另外在电子商务的应用过程中，部分农村创业者能够抱团，积极发挥各地的电商协会和行业协会的作用，进而获得更大的收益。

4. 电子商务式营销的实施策略

消费者的最主要需求就是产品，对于农村创业组织来说，提供给消费满意的产品是最为重要的，农村创业组织应该充分提供丰富准确的产品信息，以便消费者更好地了解产品。电子商务式营销的实施策略具体有以下几点：

（1）产品策略。农村创业组织要丰富产品的种类，从多方面、多维度提供关于产品的信息，以满足消费者的信息需求，并且也要注重对产品质量的提升，以形成良好的口碑。同时，注重产品的服务，包括售中、售后等服务，完善服务体系，提高服务质量，从而提高消费者的满意度。

（2）定价策略。价格是决定消费者是否购买的重要因素。一方面，合理利用价格杠杆作用，适当降价，让消费者感受到实惠，以吸引消费者购买，增加购买率。另一方面，农产品定价应符合市场要求，不能一味地以低价格刺激销量，以免陷入低价恶性竞争。

（3）促销策略。对于电子商务式营销来说，促销是一种不可忽视的手段。一方面，农村创业组织可以通过一定的促销方式，吸引消费者购买，为消费者提供一些购买优惠，也可以通过多种商品组合或者多买多优惠的方式引导消费者进行购买。另一方面，农村创业组织要营造一种良好的购物体验给消费者。消费者只有体验好了，才会进行重复购买，并且将产品推荐出去，吸引更多的人来购买。

（4）渠道策略。一个完善的电子商务销售渠道应有三大系统：订货系统、结算系统和配送系统。订货系统应为消费者提供产品信息，同时方便厂家获取消费者的需求信息，以达到供求平衡；结算系统中应设置多种支付方式方便消费者进行付款；配送系统要创建良好的专业配送服务体系作为网络营销的支撑。

电子商务式营销

单元8 制定营销策略

活动背景：

仙游县供销社发展农村电子商务助农增收

福建省仙游县供销社积极探索农产品流通新模式，通过打造生鲜配送平台，发展农村电子商务，助力农民增收致富。流通是支撑农业发展的"大动脉"。随着农业现代化发展，农业区域化不断形成，农产品更需要通过流通来拉近与市场之间的距离。仙游县供销社立足该县农业发展实际，结合自身优势，通过完善电子商务平台等方式，积极打造农产品现代流通新体系，走出一条供销合作社服务"三农"、助力乡村振兴的高质量发展之路。

该社下属的仙游县供销田园农产品配送有限公司与该县各镇、村农民专业合作社、农户签订了长期供货协议，每月收购季节性蔬菜、当地特色水果等农副产品20多吨，直接对接、采购，减少中间配送环节，解决农村蔬菜、水果等农副产品销售难、运输难、保鲜难问题，打通农产品上行通道。尤其针对偏远山区的农副产品，公司上门收购，上电商平台推广，让农户得到更多的劳动报酬。该公司每月营业额近300万元。

（案例来源：《湄洲日报》-《打造农产品流通新体系 仙游具供销社发展农村电子商务助农增收》，2022年12月。编者进行了整理和删减。）

活动目标： 阅读上述的案例素材，分析电子商务式营销的作用。

活动时间： 20分钟。

活动步骤：

（1）划分小组，采用随机的方式进行分组，每组以4~6人为宜。

（2）老师带领同学们回顾农产品电子商务式营销的特点以及作用有哪些。

（3）结合案例，小组代表发表看法。

（4）老师进行点评总结。

任务 3

掌握"农超对接"式营销

案例导入

綦江：农超对接 滞销农产品告别销售难

重庆市綦江区郭扶镇平等村蔬菜基地的 200 万斤蔬菜，本已到了上市销售的时候，可今年这些上好的儿菜、白菜等应季蔬菜严重滞销。得知这一情况，镇、村及綦江区农业、商务、交通等部门积极配合，帮助对接区内超市，并解决运输、销售中的实际问题。通过打通渠道，订单也接到了，蔬菜基地便赶紧组织工人下地采收。

目前，每天都有超过 5000 斤蔬菜从蔬菜基地销往綦江城区。共午商贸就是与他合作的 5 家大型超市之一。共午商贸物流公司负责人程真说："今天收 500 斤儿菜，1000 斤白菜，回去过后进入分拣中心，明天一早市民就可以在我们平台买到新鲜蔬菜。"目前商超已经和 30 余户大户或普通农户开展了合作，累计销售滞销农副产品 1 万余斤。

据了解，通过政府部门牵线搭桥，农产品从农户"菜园子"到市民"菜篮子"更顺畅了，近段时间，綦江每天销售滞销蔬菜 1 万斤以上，肉禽蛋 1000 斤以上。

（案例来源：中华人民共和国农业农村部官方网站-全国信息联播-《綦江：农超对接 滞销农产品告别销售难》，2020 年 2 月。编者进行了整理和删减。）

分析思考

（1）本案例体现了"农超对接"式营销的哪些要素？请列举出来。

（2）本案例中"农超对接"发挥了什么样的作用？

> 知识锦囊

"农超对接"营销是大部分农产品农村创业组织都会采取的一种商业营销方式。一方面,这种商业营销减少了中间的交易环节,降低了农村创业组织的交易成本。另一方面,从市场角度出发,这种营销能够使自己生产出来的产品有较为稳定的销售对象,保障收入来源的稳定。同时,为了迎合买方的质量要求,农村创业者会不断提升产品质量,形成良性循环。

1. "农超对接"式营销概念

"农超对接"式营销是指农产品经营农村创业组织将自己生产的农产品或者收购的农产品直接销往城市的大型超市,在农村创业组织与大型超市间建立较为稳定的供销关系。

2. "农超对接"式营销特点

"农超对接"式营销能够有效地使市场、连锁超市和农村创业组织三方受益,是未来农产品营销新模式,受到国家农业部和商务部高度重视、重点扶植,发展前景可观。"农超对接"式营销具有以下五个特点,如图8-3所示。

(1)合作直接性。"农超对接"双方不再经过流通领域的中间商,而是产销直接对接,形成扁平供应链合作模式,这有利于降低交易成本、提高流通效率、畅通市场信息,实现理论上的双方利益最大化。

(2)动态选择性。"农超对接"双方合作期限具有不确定性,在合约期内开展合作,并不排除在合约期满后,双方根据市场需求变化和价格波动,选择新的合作伙伴。即使在合约期内,若一方违约,另一方也可以依据契约的违约条款来维护权益或者退出合作。

(3)资源整合性。"农超对接"双方一旦达成合作,即可在契约约定的框架下整合仓储与物流资源、技术资源、人力资源、营销资源,共享部分市场消费需求变化的信息资源,形成联盟。

(4)整体协调性。"农超对接"双方在满足消费需求、降低交易成本、分担市场风险、应对市场竞争、保持合作稳定等方面,依据契约规定,保持供应链各环节整体协调,消除不利因素,化解合作障碍,一定程度上努力实现共同发展目标。

图8-3 "农超对接"营销特点

(5)主体互动性。"农超对接"双方为了加快双方的磨合,促进合作的深化,优化供应链体系,共同提高合作的质量与水平,必然会主动地建立有效的协调机制,保持有效的沟通,特别是超市一方还会依托自身的综合实力优势对农村创业者进行扶持、帮助和指导。

3. "农超对接"式营销的作用

"农超对接"式营销以其显著的专业性,高效性等优势成为近年来广受消费者、农村创业者欢迎的新兴模式。"农超对接"式营销具有以下三方面的作用。

(1)增加收益。"农超对接"可以带来对接双方以及供应链上其他利益主体的收益增加。通过"农超对接"可以培育与提升传统大型零售超市和部分生鲜零售商的竞争优势。同时,"农超对接"还有利于培养和打造部分优秀农产品品牌效应,提升农产的附加价值。

(2)节省成本。"农超对接"可以节约交易成本,可以提升供应链运行效率,优势明显。"农超对接"可以有效地避免农村创业者生产的盲目性,减少了资源的浪费,提高了资源利用效率,直接缩短了农产品从产到销的供应链,节约了交易成本,对消费者和零售商都是一种双赢。

(3)刺激消费。在"农超对接"式营销进一步发展的推动下,越来越多农村创业者可以实现"产品—超市"直供,丰富了超市农产品经营品类,进一步刺激消费者购买欲,也促进超市商品经营结构优化。

4. 实施"农超对接"式营销的策略

"农超对接"既能提高农产品流通效率、降低流通成本,又能稳定农产品销售渠道和价格,保障农村创业者的经济利益。提升"农超对接"式营销效率可以从以下三个角度出发。

(1)上规模,多品种。商超对农产品的质量、卖相等方面都有较高要求,尤其对品质要求高,需要多品种、跨季节、适量的高品质有机产品,满足市场需求。

(2)上质量,有标准。超市卖东西,不能一次一个样,必须有标准,质量始终如一。基本的国家标准已经有,就是"三品一标"。在标准质量上,从选品种到使用化肥农药,从采摘分级到包装贮运,一定要有标准化规范化运作,这样才能符合超市的要求。

(3)上品牌,树形象。"农超对接"品牌化是提升竞争力的主要着力点。进入大型超市投资大、扣点高、回款周期长,加上经常需要配合超市搞各种特价、促销等活动,做不好甚至会赔钱。因此,农产品更要品牌化,提高产品的附加值。

活动背景:

"农超对接"重塑三家村品牌

浙江省杭州市余杭区崇贤街道、物美集团"农超对接"战略合作签约仪式在崇贤中学举行。此次活动是崇贤街道三家村优质农产品和物美集团优质销售平台实现双优对接的一次深入实践,旨在进一步壮大三家村集体经济,为实现乡村振兴迈开扎实一步。开展农超对接等举措,助推崇贤街道三家村走出了一条农业提质、农民增收、农村振兴的新路子。

从三家村采摘的新鲜莲藕、荸荠和慈姑将会以最快的速度出现在各大物美超市,还将设立三家村农产品的专柜,初步预计年销售额可以达到3000万元。

(案例来源:浙江在线-《"农超对接"重塑三家村品牌 崇贤乡村振兴迈开扎实一步》,2018年7月。编者进行了整理和删减。)

活动目标: 阅读上述的案例素材,分析"农超对接"式营销的作用。

活动时间: 20分钟。

活动步骤:

(1)划分小组,采用随机的方式进行分组,每组以4~6人为宜。

(2)老师带领同学们回顾农产品"农超对接"式营销的特点以及作用有哪些。

(3)结合案例,小组代表发表看法。

(4)老师进行点评总结。

任务4 熟悉直播带货式营销

案例导入

直播带货鼓起钱袋子

云南省武定县位于楚雄彝族自治州，该县立足"一乡一品"，积极构建特色农产品的直播电商供应链，开发了壮鸡、板栗、核桃、野生菌等40个"网货"产品，培育了武定壮鸡、山猪火腿、武定蜂蜜、武定核桃、武定野生菌五个特色产品品牌。在上游供应端，武定县建立了楚雄州农产品质量追溯信息平台，对五类特色农产品实时开展深度溯源，设立了土壤监测、温室传感、种养监控等设备，科学采集农特产品的种养、生长、加工等环节数据。

在直播端，全县积极开展直播带货行动，不仅设置特定场景开展线上直播，还借助平台开展线下参观活动，年平均开展大型直播活动16场，累计接待参观人员3000多人次，"920核桃采摘直播节"、"插甸苹果"直播活动、"'双十一'冬桃甜到心窝里"直播助农活动、"电商帮扶在行动土瓜地里开直播"等已形成直播品牌，"己衣芒果"采摘节等为线下体验的重要节庆活动。通过直播电商供应链渠道，武定县在2020—2021年累计销售"老树核桃"50000余单、武定壮鸡1.2万余只，带动全县"农特产品"电商销售订单成交量超过15万单，电商交易额达到2000万元以上。

（案例来源：楚雄彝族自治州商务局官方网站-《云南武定：搭建农产品电商供应链 多举措推动农产品出滇——武定县电子商务进农村助力农产品上行典型案例》，2022年5月。编者进行了整理和删减。）

分析思考

（1）本案例采取的是哪种类型的商业营销？

（2）本案例体现的商业营销特点是什么？

随着互联网技术的发展,网络直播带货已经成为一种重要的营销方式。农村创业者通过网络直播将产品售卖给消费者,消费者也可以通过直播了解产品,同时获得更优惠的价格。

1. 直播带货式营销的概念

直播带货式营销主要指农村创业组织的工作人员或者聘请专业的主播通过自媒体的方式进行直播带货的一种营销方式。该商业营销与电子商务营销相比,区别在于自媒体直播带货营销主要通过视频较为直观的方式将自己的产品介绍给消费者,不需要通过电子商务平台发布商品信息,经营成本更低。

2. 直播带货式营销的特点

直播是一种火热的内容传播方式。相比传统的广告和报纸,这种带货的渠道发挥出来的影响力更加惊人,很多农村创业者也开始寻求适合自身的直播带货模式。通常来说,直播带货式营销具有时效性、便利性、趣味性、互动性等特点,如图8-4所示。

图 8-4　直播带货式营销特点

3. 直播带货式营销的作用

短视频、直播作为人们喜闻乐见的传播方式,近年来在帮助农户解决滞销农产品、吸引乡村旅游等方面发挥了重要作用,同时,也为农村创业者产品营销创造了新途径。直播带货式营销具有以下三点作用。

(1) 创新销售方式。直播带货是对传统销售方式的创新,使商家能够摆脱单一的销售方式。一方面,在观看直播时,消费者可以通过主播对产品的介绍及试用获得更全面的信息。另一方面,直播带货区能够实现主播与消费者之间的实时互动,使消费者获得更好的互动体验。

（2）降低交易成本。一方面，电商直播平台不仅减少中间分销商的环节，而且让商家和消费者直接对接，降低中间的交易和流通成本。另一方面，直播带货式营销能够在线展示产品的质量、生长环境和色泽等，让消费者对销售的农产品有更直观的认识，降低了消费者信息获取成本。

（3）拓宽销售渠道。一方面，直播带货的形式可以有效提升商家的知名度，拓宽商家的销售渠道以便达到销售产品的目的。另一方面，直播带货式营销不会受到地区的限制，其面对的是直播间数以万计的粉丝，可以有效扩大消费群体的范围。

4. 实施直播带货式营销的策略

直播带货式营销具有传播效率高和宣传成本低的优点。提升农村创业者直播带货效率能够快速地帮助其打开产品市场，实现增收，具体可以从以下几个方面入手。

（1）建设特色品牌。建设当地特色农产品品牌是推动农产品直播带货营销的重要方式。坚持农产品安全、绿色、智能的理念，树立标准化意识，制定农产品生产销售等一系列管理标准。生产者可以把农产品从出产到加工成型的全过程播给网友看，比如脐橙从采摘、选果到装箱，或者把腊肉从选材、熏制到晾晒的过程展示出来，让消费者买得放心。

（2）应用价格战术。低价是粉丝们追随主播的主要动力，大打折扣的商品意味着粉丝更加死心塌地地追随。主播可以通过话术的引导，打心理价格战，让观众觉得"买到就是赚到"，最终销量也能节节攀升。

（3）进行场外宣传。一方面，提前3～5天发布预热短视频，吸引用户关注，在直播时进入直播间。另一方面，在其他平台分享直播时间和内容，包括微博、朋友圈、QQ空间、微信公众号、微信群、QQ群等，尽可能地吸引观众进入直播间。

直播带货式营销

（4）增加抽奖福利。在营销行业中，打折、满减、活动价都是些习以为常优惠形式，在直播间也不例外。以抽奖的形式在直播间发放这类福利，能让用户踊跃地参与进来，提高用户活跃度，增强粉丝黏性。

实践活动

活动背景：

"直播带货"家乡农产品，邀您品尝"张家界味道"

"这是一款来自张家界大山里的莓茶，对嗓子有很好的保护作用……""这是我们家乡的老月饼，希望网友们多多下单，尝尝张家界味道。"近日，《你莫走》创作者山水组合许勇、舒维走进张家界优选公益助农直播间，为张家界农产品代言，助力家乡农业产业复工复产。直播现场，山水组合与屏幕前的全国网友精彩互动，将直播推向高潮。

自2021年9月8日起，在市农业投资有限公司大力支持下，将连续开展为期一个月的"复工复产，助农助销"公益直播系列活动。活动充分利用相关平台把农产品销售重点由线下转入线上，推介张家界莓茶、桑植白茶、猕猴桃、土家腊肉、蜂蜜、红薯粉、娃娃鱼系列产品等各类农副产品，以实际行动帮助解决农产品滞销难题，促进富民增收，持续促进全市农业产业化发展，大力推动乡村振兴的建设。

（案例来源：红网张家界站-《山水组合"直播带货"家乡农产品 邀您品尝"张家界味道"》，2021年9月。编者进行了整理和删减。）

活动目标：阅读上述的案例素材，分析直播带货式营销的作用。

活动时间：20分钟。

活动步骤：

（1）划分小组，采用随机的方式进行分组，每组以4~6人为宜。

（2）老师带领同学们回顾农产品直播带货式营销的特点及作用有哪些。

（3）结合案例，小组代表发表看法。

（4）老师进行点评总结。

任务 5

理解"社区支持农业"式营销

案例导入

清华博士后回村务农：你想要的，土地都能给你

2009年，石嫣在北京创办了国内首家CSA（Community Supported Agriculture，社区支持农业）农园，种植绿色蔬菜，不通过中介，农民和消费者直接对接。她日常就是在北京六环外一个叫柳庄户的村子里，那里有她的两个农场基地，加上通州的，一共几百亩。干农活、管农场，卖自己种的有机蔬果，偶尔"进城"，这就是她的日常。

农场的核心理念来源于CSA。"简单来说，有个农场，你可以租来自己种，也可以预付款，定期给你提供安全的蔬菜。"石嫣常向目标消费者这样解释。早上10点，正是农场热闹的时候，几个伯伯驾着三轮车来回运菜，他们是从村子里雇来帮忙的农民。配菜房那边也熙熙攘攘，阿姨们飞快地摘菜包装。这些带着露水的蔬菜，几小时后将出现在北京城里的订户家里。包装很简单，牛皮纸打底，纸箱外简单地贴上了消费者的名字，仅此而已。

农场从种植到生长全程监控，不使用农药和化肥是底线。石嫣曾大方地提醒消费者自家果蔬的各种"缺陷"。"蔬菜叶有虫是普遍现象，有机农场最大的特点就是有很多昆虫。"石嫣喜欢在社交平台上"晒"这些，如帮忙吃害虫的蟾蜍，以及同样能吃杂草的鹅。"它们有它们的相处法则。"她说。

（案例来源：央广网-《远山的回响 | 清华女博士后回村务农：你想要的，土地都能给你》，2021年12月。编者进行了整理和删减。）

分析思考

（1）该案例采取的是什么样的商业营销？
（2）该案例的商业营销具有哪些特点？

"社区支持农业"是一种新型农业经营模式，指农产品生产者与社区进行联合，在社区建立自己的农产品供应点，按时将农产品送到社区的一种商业营销模式。该模式使得农民获得了更多利润，也让消费者更多地了解到他们的食物从何而来，从而更多的支持了本地食品，同时也拉近了生产者和消费者之间的距离。

1. "社区支持农业"式营销的概念

"社区支持农业"是社区与农业互助的意思。"社区支持农业"式营销是一群消费者共同支持农场运作，消费者提前支付预订款，农场向其供应安全的农产品，从而实现生产者和消费者风险共担、利益共享的合作形式。"社区支持农业"试图在农民和消费者之间创立一个直接联系的纽带。

2. "社区支持农业"式营销的特点

"社区支持农业"式营销使生产农村创业组织直接面向消费者，有利于建立消费者与农产品生产农村创业组织之间的信任，从而使农产品生产农村创业组织有了自己的较为稳定且忠诚于自己产品的消费者。这种商业营销最大的特点是省去了中间环节，降低了成本，降低了中间商对农产品交易市场的影响，稳定了农产品的价格。具体而言，"社区支持农业"式营销有直接性、实用性、灵活性、快速性4个特点，如图8-5所示。

图8-5 "社区支持农业"式营销特点

3. "社区支持农业"式营销的作用

社区的兴起使农村创业组织注意到这一个投入小、见效快的新型销售渠道。一方面，在社区内营销，只需向物业公司缴纳少许的费用即可产生不错的销售效果。另一方面，作为销售渠道，社区更多地承载了促销的渠道功能，可以在短期内提升产品销量。最后，农村创业组织可以借助各种社区媒体或社区活动来实施传播策略，体现在以下四个方面：

（1）提升产品销量。社区距离目标客户群最近，社区活动实现了与广大消费者直接面对面的沟通，增加了产品的曝光率，有利于顾客更深入地了解产品，从而促进意向客户的直接购买，同时又能有效地促进社区所在地零售终端的销售。

（2）拓宽销售渠道。社区活动作为渠道延伸的一种形式，它和专卖店、专业市场、商超商场等卖场一样承载着重要的销售职能。在专卖店分布不广泛的情况下，社区活动无疑可以帮助人们更方便地接触和了解产品，拓宽了产品销售渠道。

（3）获取交易信息。随着市场的逐步成熟，厂家日益增多，竞争日益激烈，商家开始把目光集中在社区及人员上门推广上。社区活动实现了与广大消费者面对面的沟通，生产者可以直接从消费者的口中获得其对竞争对手的评价，同时如果竞争对手也在搞活动，可以直接看到其促销方式、宣传资料等，从而适当调整自己的销售方法。

（4）降低经营成本。一方面，社区支持农业营销避免了超市场地狭窄，竞争激烈和各种"苛捐杂税"的困扰。另一方面，社区目标客户集中，人际传播效率高，也适合开展多种形式的推广活动，是一种低投入的营销方式。

4. 实施"社区支持农业"式营销的策略

"社区支持农业"式营销是以住宅社区作为主要销售区域，以家庭用户作为销售对象的一种全方位的营销活动。"社区支持农业"式营销不等于一般的"小区推广"，社区推广重点在于社区的宣传、广告促销活动等。社区内居住着不同层次、不同特征的受众群体，而这些群体对于实施"社区支持农业"式营销的农村创业组织来说又是易于接触到的，因此，农村创业组织实际上掌握着大量的受众资源。以下三个策略可以帮助"社区支持农业"式营销的顺利实施。

（1）创建主题。如果你要建立一个群，主题很重要。要让大家明白你建立这个群的目的是什么，并且让大家知道进来这个群会获得什么，自然不会那么轻易地退群。

（2）明确规则。首先，要有明确的社群规定。一个群如果想长久地发展下去，就必须要有明确的群规，要严格但是不失关爱之心地执行下去，不能让粉丝觉得这是个没有规矩、没有管理的社群。其次，做好角色扮演，如群主、分享知识者、执行群规者、回答问题者等。有了这些职位，明确角色扮演者所要做的事，同时也是责任到人，是有条理地去运营社群的基础保障。

（3）强化互动。比如这是一个美食烹饪群，每天准时分享烹饪知识，或者每天睡前由分享知识者分享烹饪知识，每周设置线上烹饪课，每天不定时发放体验券，每月设有主题活动等。时机成熟的时候，可以组织线下活动，会更好地增加粉丝的黏性，同时扩大品牌的宣传力度。

活动背景：

"知花知果"——蔡世龙

蔡世龙成立的"知花知果"社区团购平台，以长沙地区为主阵地，通过以社区为单位，招募社区合伙人，定期在小区的社群发起团购，消费者下单，社区团长集单，销售模式主要以预售为主。集单完成后，原产地落地直发到达长沙中转仓，随后社区团长进行配送服务。

（1）集中配送，节约物流。因为所有的订单都是预售，而且大多都是本地的客户，用户上午下单，下午就能送货上门。

（2）线上社区模式，节约门店、人工成本。因为通过 App 社群运作，所以不需门店，而团购预售模式则降低了库存的风险。

（3）社群团长都是小区内的人，接近消费者。社群的合伙人都来自社区，大家的信任度比较高，可以根据小区的特点进行拼团。

（4）线上线下活动并行。针对线下，可以适当在小区做一些地推活动，拉上几个横幅，拿上几个展架，然后搞个帐篷，让别人去试吃，同时也可以做现场销售，成本非常低。

（案例来源：《长沙晚报》-《85 后研究生用脚步探索社区团购新路子》，2022 年 8 月。编者进行了整理和删减。）

活动目标：阅读上述的案例素材，分析"社区支持农业"式营销的作用。

活动时间：20 分钟。

活动步骤：

（1）划分小组，采用随机的方式进行分组，每组以 4～6 人为宜。

（2）老师带领同学们回顾农产品"社区支持农业"式营销的特点及作用有哪些。

（3）结合案例，小组代表发表看法。

（4）老师进行点评总结。

单元总结

本单元共有五个任务，详细介绍了农产品订单式营销、电子商务式营销、"农超对接"式营销、直播带货式营销、"社区支持农业"式营销的概念、特点及作用。本单元以丰富农产品营销模式、拓宽农产品销售渠道、增加农村创业者收入为切入点，辅以大量的农产品营销案例，分析当前农产品营销过程中存在哪些不足，从而提出实施农产品营销的策略，为同学们提供有效的借鉴学习。通过本单元的学习，希望同学们能够了解农产品营销的具体形式，增强对的农产品营销的认识。

课后训练

活动背景：

从农产品到农创产品 河南农产品摆脱"土"味找到新思路

苹果种植和观赏鱼养殖是河南省郑州市中牟县北堤村两个主要的旅游特色产业。如何让自己的农产品走得更远成为北堤村村民思考最多的问题。当地的龙头企业江西绿萌农业发展有限公司研发了中国第一台电子果蔬分选机，并且成功销售至深圳布吉农产品市场（南方农产品的集散地），大量的赣南脐橙通过这台设备分选后出口到香港，进入国内的跨国超市，达到了国际标准。

北堤村的农产品营销紧跟时代发展，先后成功举行西瓜、苹果现场采摘网上直播，举办苹果采摘文化节和苹果花节，建成消费扶贫服务中心，积极宣传北堤品牌，影响力和知名度逐年增加。授人以鱼不如授人以渔，针对性地制定农产品规划方案，来打造特色农产品的包装与当地特色农产品品牌，为农产品的附加值和竞争力赋能，助力产业发展，推动乡村地区的全面振兴。

（案例来源：中国农村创业创新信息网-《全国农村创业创新优秀带头人典型案例（江西）40.江西省绿萌科技控股有限公司总经理朱壹助力农产品加工装备制造业》，2016年12月。编者进行了整理和删减。）

活动目标： 结合案例，分析农产品营销的模式与重要性。

活动时间： 30分钟。

活动步骤：

（1）划分小组，采用随机的方式进行分组，每组以4～6人为宜。

（2）根据案例中内容，分析北堤村是通过哪些农产品营销方式使农产品变为"农创"产品的。

（3）小组代表发表看法，老师进行点评总结。

单元 9

拓宽融资渠道

融资是农村创业组织持续经营和发展壮大的基础。无论是日常经营还是扩大再生产，只要面临资金短缺局面，农村创业者都需要在选择何种筹资方式上做出决策。本单元主要介绍政府拨款与援助融资、股权融资、天使投资、风险投资、银行贷款、民间借贷、融资租赁和典当融资八种融资渠道的概念、特点、优势及提升融资成功率的策略。

学习完本单元后，希望同学们做到：

①了解政府拨款与援助融资。

②熟悉股权融资、天使投资和风险投资。

③掌握银行贷款和民间借贷。

④理解融资租赁和典当融资。

任务 1
政府与社会组织共同支援助力创业梦

案例导入

发展订单农业让农户与企业实现双赢

湖北省恩施土家族苗族自治州恩施市小渡船办事处旗峰社区的韩俊，在不到一年的时间里已经成长为一个成功的创业者，成为一个自主创业的"鸡司令"。除了怀揣着炙热的创业梦想，更重要的是，政府与社会组织为其一个好的创业环境。

目前他的鸡舍里还存栏8000多只蛋鸡，每天可收获6000多只蛋，每年收入可达10万元，资产已达40多万元。回想创业历程，韩俊对市政府和办事处对创业者的支持感激不尽。当初虽说满怀创业激情，可资金、场地、政策这些硬件要求让他创业的梦想步履艰难。在他最艰难的时候，恩施市小渡船办事处创业办公室的同志及时上门为他送上了全民创

业的优惠政策；他的创业项目需要大龙潭村公路旁的一个闲置打石场，旗峰社区居委会及时帮他协调各方关系迅速办好了土地使用权的相关手续，并在最短时间内替他争取到了15万元的小额贷款。

"如果不是办事处提供的创业资金解决渠道和优惠的创业政策，我不可能顺利起步，也不会有养鸡场今天的发展势头。"韩俊说。

（案例来源："创业家"搜狐号－《男子创业做鸡蛋生意，一月收益十多万》，2018年8月。编者进行了整理和删减。）

分析思考

（1）政策性拨款包含哪些行为主体？
（2）政策性拨款有哪些具体形式？

> 知识锦囊

政府、社会组织的拨款与援助融资是农村创业者获得创业启动资金的重要来源。农村创业者只要具备获取扶持资金的条件，均可采用申请方式通过政府或社会组织获得创业资金。

1. 政府拨款的概念及其特点

政府拨款是指农村创业者采用申请方式通过政府获得创业资金的一种融资渠道。政府通过创业补贴的形式支持农民工、大学生和退役士兵等人员返乡创业，可以促就业、增收入。政府拨款具有直接性、全程性和多样性的特点。

（1）直接性。农村创业者能够根据创业补贴政策直接取得资产，包括货币性资产和非货币性资产，比如，政府设置的先征后返、即征即退等税款。

（2）全程性。政府提供的创业扶持资金包括从创业初期的研发资助、资本金支持到项目产品产业化等不同发展阶段的不同类型的资金支持，为农村创业组织提供了全程化的资金支持和保障。

（3）多样性。不同资助形式实现的政策目标不同，采取的组织方式不同。政府资金发挥的是引导和杠杆作用，根据不同目标采取不同的资助方式，不同的资助方式会采取不同的组织方式。因此，政府扶持资金的资助形式不固定，呈现多样化的特点。

2. 政府拨款的形式

我国政府为农村创业组织提供的扶持资金主要采取专项基金形式，具体可用贷款贴息、无偿资助、资本金投入、行政费减免等不同形式给予支持，如图9-1所示。

（1）贷款贴息。对已具有一定水平、规模和效益的创新项目，原则上采取贴息方式支持其使用银行贷款，以扩大生产规模。

（2）无偿资助。对有创业意愿和创业项目的农村创业者，经过乡政府实地考察，对符合条件的农村创业者，乡政府将给予可观的创业补贴，同时优先解决土地使用和适当税收减，对创业成功的农村创业组织且实现10人以上就业的，乡政府给予相应的岗前培训补贴。

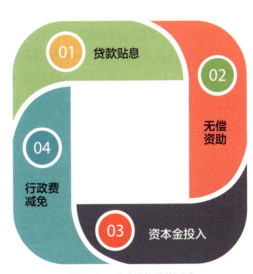

图9-1　政府拨款具体形式

（3）资本金投入。资本金投入以引导其他资本投入为主要目的，数额一般不超过农村创业者注册资本的20%，原则上可以依法转让，或者采取合作经营的方式在规定期限内依法收回投资。

（4）行政费减免。对于自主创业的农民，按照相应政策申请，工商行政管理部门进行登记注册之日起3年内免收登记类、管理类和证照类的各项行政事业性收费。

3. 社会组织的拨款和援助融资概念及特点

社会组织的拨款和捐助融资是指社会组织向农村地区捐赠，包括直接资金、技术人才等形式的资产。这种融资方式具有义务性、公益性和自愿性的特点。

（1）义务性。我国捐赠相关的法律已经为受赠人设立了一些法定需要履行的义务。例如，受赠人或受赠组织应该为捐赠人开具捐赠票据，对于捐赠人要求查询、复制捐赠财产相关资料的要求，具有主动配合的义务等。

（2）公益性。受益人应当是符合捐助宗旨和业务范围的对象，为了保护社会公共利益的需要，这种捐赠附随义务应该符合公益目的。这要求捐赠的受益对象是不特定的多数群体，更不能是捐赠人自己或利益相关方。

（3）自愿性。捐赠遵循自愿性原则，任何政府机关、大的机构组织等都不能强迫别人捐赠，禁止强行摊派或者变相摊派。被迫进行的捐赠，可以向法院申请撤销。

4. 社会组织援助融资的形式

社会组织为农村创业组织提供的拨款和援助融资的形式包括但不限于一般目的和特定目的捐赠、附条件和无条件的捐赠和直接和间接捐赠。

（1）一般目的和特定目的捐赠。当受赠人捐赠时，没有提出具体明确的捐赠目的，这就是一般目的的捐赠。而特定目的的捐赠，是指捐赠人在捐赠限定了捐赠的范围和使用目的。

（2）附条件和无条件的捐赠。附条件的捐赠是指通过约定，赠与人设定使用条件，对赠与财产适用什么对象、适用的范围等，受赠人需要受到制约。无条件捐赠意味着受赠人可以自由支配被赠予的财产，相对于附条件捐赠，在参与人订立赠与合同时并没有附加设立任何条件。

（3）直接和间接捐赠。直接捐赠是捐赠人将款物直接捐赠给受益人，受益人和受赠人相同。间接捐赠则比较符合公益慈善捐赠的基本特征，是捐赠人首先将捐赠的款物先捐赠给公益组织，然后该组织机构按照公益目的再分给各受益人。

活动背景：

政府贴息贷款助力创业

"太谢谢你们了，这下真的解了我的燃眉之急。"李舟在成功申领到人才创业免息贷款50万元后，对湖南省长沙市雨花区黎托街道工作人员张秀表示由衷的感谢。

为激发全民创业热情、支持青年创业实践、营造政府鼓励创业、社会支持创业、青年奋发创业的良好创业氛围，近年来，黎托街道积极贯彻落实创业担保贷款政策，在了解到辖区创业者李舟创业资金不足却符合申报条件后，积极为其申报人才创业免息贷款，帮助李舟成功申领50万元，这也是长沙市人才新政落地以来发放的第一笔人才贷款。

（案例来源："潇湘晨报"百家号-《长沙：全市首笔政府贴息贷款助力居民创业》，2022年5月。编者进行了整理和删减。）

聚焦长期跟踪帮扶，拓展青年创业成果

山东社组联汇聚了各类社会组织从业人员，都是各行业的社会精英。山东社组联从会员单位中精心选聘创业实践经验丰富和经济基础雄厚的社会组织优秀代表人士，组建高水平导师团队，安排创业导师与创业青年签订结对帮扶协议，开展精准帮扶，全程跟进服务。成功举办全国首届"大学生创业行动群英汇"、创客节、创业大赛及"百名律师助力帆友远航"活动，组织学员积极参与、全面历练，为创业项目健康发展不断注入新鲜动能。

（案例来源：中华网－山东频道－《山东省社会组织联合会帮扶青年创业，助力乡村人才振兴》，2022年1月。编者进行了整理和删减。）

活动目标：阅读上述案例素材，分析政府与社会组织的拨款和援助融资的作用。

活动时间：20分钟。

活动步骤：

（1）划分小组，采用随机的方式进行分组，每组以4～6人为宜。

（2）老师带领同学们回顾政府与社会组织的拨款和援助融资的特点及形式有哪些。

（3）结合案例，小组代表发表看法。

（4）老师进行点评总结。

任务2 认识股权投资

案例导入

陈皮村拓农蔬菜专业合作社——邓边拖

2017年，邓边拖与豆腾蛟一起申请注册成立了陕西省兴平市陈皮村拓农蔬菜专业合作社，将蔬菜种植面积扩大到74亩。由于种植规模的扩大，相应的成本也大幅度提高，为了解决资金周转的问题，邓边拖与豆腾蛟商量拿出20%的股份用以吸引当地村民入股，年底享受分红，最终吸纳了35户贫困户34万元入股合作社，解决了合作社资金周转的困境，也使贫困户每户年收入增加800元至2000元。

同时，合作社准备为陈皮村村民进一步普及蔬菜种植知识、提供技术指导，再吸收30名贫困户实现就业，确保人均年增收2万元，并利用抖音等开展广泛宣传，拓宽销售渠道，扩大"拓农蔬菜"的知名度和市场影响力，带动更多农户参与合作经营。

（案例来源：《陕西日报》-《新春走基层·脱贫攻坚一线见闻 大学生种菜 带农致富真不赖》，2020年1月。编者进行了整理和删减。）

分析思考

（1）陈皮村拓农蔬菜专业合作社发展体现了股权融资的哪些特点？
（2）陈皮村拓农蔬菜专业合作社发展体现了股权融资的哪种形式？

> 知识锦囊

股权融资是农村创业组织成立初期获得融资的重要途径。农村创业组织在快速发展的过程中常常需要流动资金和其他运营资本，股权融资通过出让创业者的股权，能够使其快速获取融资。

1. 股权融资的概念及特点

股权融资是指创业组织的股东愿意让出部分所有权，通过增资的方式引进新的股东，使总股本增加的融资方式。股权融资所获得的资金无须还本付息，新股东与老股东实现共享收益、共担风险。农村创业者股权融资有投资收益高、财务风险小、资金门槛低三个特点，如图9-2所示。

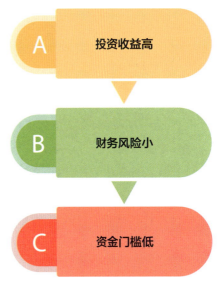

图9-2 农村创业者股权融资的特点

（1）投资收益高。从农村创业者股权融资的实际发展情况看，股权投资项目收益不仅远高于银行存款收益，也高于股票市场收益和其他债权收益。

（2）财务风险小。一方面，股权资本与债务资本相比，对资本用途的限制较少，对资本使用方式也没有特别的限制。另一方面，股权资本在新创组织正常经营期间不需要偿还，因此，股权融资不存在还本付息的财务风险。

（3）资金门槛低。与债券融资相比，股权融资不需要抵押担保，也不需要偿还和支付高额利息费用，且投资方可以为创业组织后续发展提供持续的资金支持。

2. 股权融资的具体形式

农村创业组织面临资金短缺问题需要引进外部资金，特别是机构投资时，往往需要创业组织出让股权以获取融资，来推动组织事业发展。股权融资的具体形式主要有公开市场发售和私募发售两大类。

（1）公开市场发售。

公开市场发售就是通过股票市场向公众投资者发行股票来募集资金。例如，通常所说的上市、上市企业的增发和配股都是利用公开市场进行股权融资的具体形式。

（2）私募发售。

所谓私募发售，是指只针对特定人群来募集资金，并且不能公开做广告。私募发售包括私募债券融资和私募股权融资两种形式。

①私募债券融资。私募债券融资是指通过协商、招标等非社会公开方式，向与发行者有特定关系的少数投资者出售债券，并约定在一定期限还本付息的融资方式，其发行和转让都有一定的局限性。

③私募股权融资。私募股权融资是指以非公开方式向特定投资者募集投资资金。私募股权融资在与想要投资入股的创业组织签订投资协议时，往往会约定好退出的时机和方式。

实践活动

活动背景：

沂水多种股权信贷开辟农村融资新模式

2021年年初，山东省临沂市沂水县旭阳农业合作社规划对340余亩连片土地开展基础设施提升，合作社资金积累少，面临融资难题。适逢沂水县在创建财政金融政策融合支持乡村振兴试点县期间，推出了以农村集体资产股权质押为核心的"股权质押+"信贷新模式。

旭阳农业合作社正好符合其中"股权质押+合作社聚合增信"贷款条件，去年合作社聚合4户社员的农村集体资产股权办理了股权质押贷款20万元，解决了首期资金缺口的问题。2022年，合作社又以16户社员股权集体质押的方式，申请到了县农商行100万元贷款授信，随用随取，继续用于合作社运作。

（案例来源：中国金融信息网-《沂水多种股权信贷开辟农村融资新模式》，2022年11月。编者进行了整理和删减。）

活动目标： 阅读上述的案例素材，分析股权融资的特点及具体形式。

活动时间： 20分钟。

活动步骤：

（1）划分小组，采用随机的方式进行分组，每组以4～6人为宜。

（2）老师带领同学们回顾股权融资的特点以及具体形式有哪些。

（3）结合案例，小组代表发表看法。

（4）老师进行点评总结。

任务3 明晰天使投资

案例导入

90后农民工创办"乡乡快运"，获得1000万元天使投资

经过多次的创业经历，让关迪看到了乡村出行以及物流运输方面的空白。"于是关迪从中嗅到了商机，并决定再次创业。关迪带上准备在老家修房的三十万积蓄，只身来到北京，寻找到了来自百度、联想等大公司的合伙人，最终创办了"乡乡快运"。

这个项目得到了众多天使投资人的青睐，嘉润天使、嘉腾资本及多名乡村天使投资人联合投资1000万元。三个月时间，快递点覆盖2800个县30000多个乡镇，注册快运司机人数15万，报名司机人数过百万。"乡乡快运"已成长为城乡快运第一品牌。"乡乡快运"将聚合链接乡村1000万辆运营车辆，物流、出行信息透明，村村通快递，让乡村与世界同步，乡通天下。

（案例来源："创业家"百家号-《90后农民工创办"乡乡快运"，获得1000万元天使融资》，2018年6月。编者进行了整理与删减。）

分析思考

关迪创业融资属于天使投资的哪种类型？

天使投资是解决创业组织发展初期"死亡峡谷"问题的有效途径。从创业发展的生命周期看,依次要经历"种子期""创业期""成长期"和"成熟期"。"种子期"创业组织在资金启动和发展方面具有"资金饥渴症",而天使投资能够很好地满足这一融资需求。

1. 天使投资概念及特点

天使投资是指拥有一定资金潜力的个人、团体或机构,对具有巨大发展潜力的高风险的初创组织进行直接的、较小额度的权益资本投资。天使投资活动的参与方主要包括天使投资的供给方、需求方及提供服务的科技平台。天使投资者的定义不仅仅是指个人投资者,也包括合伙投资团体以及投资机构。天使投资具有资金管理成本低、资金使用效率高、资金就位周期短的特点,能够为新创组织迅速启动与发展赢得时间。

2. 天使投资的类型

天使投资又被称为非正式风险投资,指专门向非上市公司,特别是处于"种子期""创业期"的创业组织进行的股权投资的一种行为。天使可以直接投入承担风险的股权资金,也可以直接参与所投资创业组织的经营管理。依据项目的投资量的大小,天使投资类型包括以下三种,如图9-3所示。

图9-3 天使投资类型

(1)支票天使。这种类型的投资对投资者来说,仅仅是出资,且需要投资的金额数目较小。同时,由于投资者比较缺乏经营和管理的经验,故而不直接参与创业组织的各项经营活动。

(2)增值天使。这种类型的投资金额较大,投资者经营管理经验丰富,能够为新创组织的发展规划出谋划策,一般直接参与被投资创业组织的运作,在新创组织中扮演重要角色。

(3)超级天使。这种类型的天使投资人往往是具有成功经验的创业家,能够为新创组织提供巨额的资金以及人才等支持。超级天使投资在投入资金的同时也投入管理。

3. 天使投资的模式

天使投资个人投资者比较多。天使投资是在很多公司只是一个想法或者一个雏形的时候就把钱投进去。天使投资依据投资金额、投资者身份的不同划分为五种模式，农村新创组织可以根据自身的项目情况选择最为适合的一种模式。

（1）天使投资人。天使投资人多指富裕的、拥有一定的资本金、投资于创业组织的专业投资家。目前中国天使投资人主要有两大类：一类是以成功企业家、成功创业者等为主的个人天使投资人；另一类是专业人士，比如律师、会计师、大型企业的高管以及一些行业专家，拥有闲置可投资金，以及相关行业资源。

（2）天使投资团队。一些天使投资人组织起来，组成天使俱乐部、天使联盟或天使投资协会，每家有几十位天使投资人，可以汇集项目来源，定期交流和评估，会员之间可以分享行业经验和投资经验。对于合适的项目，有兴趣会员可以按照各自的时间和经验，分配尽职调查工作，并可以多人联合投资，以提高投资额度和承担风险。

（3）天使投资基金。随着天使投资的更进一步发展，产生了天使基金和平台基金等形式的机构化天使，管理天使投资基金的天使投资机构。同投资于早期的创业投资基金相似，天使投资基金是正规的、有组织的、有基金管理人的非公开权益资本基金，天使投资基金作为一个独立的合法实体，负责管理整个投资的机会寻找、项目估值、尽职调查和投资的全过程。

（4）孵化器形式的天使投资。广义的孵化器主要指有大量高科技企业集聚的科技园区，如深圳南山高科技创业园区、陕西杨陵高科技农业园区、深圳盐田生物高科技园区等。狭义的孵化器是指一个机构围绕着一个或几个项目对其孵化以使其能产品化。

（5）投资平台形式的天使投资。随着互联网和移动互联网的发展，越来越多的应用终端和平台开始对外部开放接口，使得很多创业团队和创业公司可以基于这些应用平台进行创业。很多平台为了吸引更多的创业者在其平台上开发产品，提升其平台的价值，设立了平台型投资基金，给在其平台上有潜力的创业组织进行投资。这些平台基金不但可以给予创业组织资金上的支持，而且可以带去平台上丰富的资源。

拓展融资渠道

实践活动

活动背景：

生命不息，创业不止

何国荣三次创业失败，想倒却不能倒，继续前进。

第三次创业失败后，他这样讲述他的创业经历。"这是我第三次创业，我说服了身边3个相好的同学参与了进来，我知道他们来投资并非冲着钱来，而是被我的这份创业激情感动。他们共投资了40万元进来，我把重庆这家公司进行了股权改革，把他们都纳入了股东。

农村创新创业教程

"这次创业继续，当然也与我老父亲在四川何家坡老家种红心猕猴桃有一定关系。我父亲是个农民，只读过小学5年级，一辈子总想靠土地翻身，种甘蔗、种蘑菇、种桑树、种雪梨、种芦笋、种柑橘……折腾40年，一直也没能靠种果树致富翻身。

"这个时候，我们开始转变思想把老家的猕猴桃园作为基地，内外结合来运营……"

（案例来源："林海讲三农"头条号《辞去高薪，创业5年3次失败、耗光半生积蓄！连亏300万后含泪忏悔》，2021年11月。编者进行了整理和删减。）

活动目标：阅读上述案例素材，分析天使投资的特点与运营模式。

活动时间：20分钟。

活动步骤：

（1）划分小组，采用随机的方式进行分组，每组以4～6人为宜。

（2）老师带领同学们回顾天使投资的特点与模式的特点及具体的运营模式。

（3）结合案例，小组代表发表看法。

（4）老师进行点评总结。

任务 4

知晓风险投资

案例导入

董必甫：千淘万漉，吹沙到金

早年，董必甫在安徽亳州开启了中药材经营之路。因为提供的中药材品质过硬、价格公道，几年来，他积累了很多固定客户。机遇总是留给有准备的人。两个韩国商人找到他，要他提供40吨中药材。董必甫到全国各地寻找货源，终于备足了质量上乘的货品。时隔8个月，这两个韩国商人再次找到他，谈了笔"大生意"。"他们要我在亳州建个中药材加工厂，他们的订单全部交由我来做，并为我提供设备和加工方法。"董必甫说，这是难得的机遇，他和朋友立马在亳州筹资建厂。源源不断的订单，为他们带来一年50万元的纯利润，董必甫赚到了人生第一桶金。

董必甫出于对中药材市场的看好，萌生了自己创业的想法，于是凭借自己过硬的技术和市场资源，吸引另一位投资商投资3000万元，在亳州与他合作建立中药饮片厂，业务涉及中药饮片加工、药物提取、药品初加工等，董必甫负责生产、经营，目前这家创业组织年产值上亿元。

事业越做越大，董必甫却始终心系家乡。常村镇加大招商引资力度，向董必甫伸出"橄榄枝"，他决定回乡投资办厂。他注册资金600万元，成立河南千村堂医药科技公司，产品注册商标"千村堂"，2019年出口额达900万元。

（案例来源：中国农村创业创新信息网-《全国农村创新创业带头人典型案例——董必甫》，2020年2月。编者进行了整理和删减。）

分析思考

董必甫创业融资经历体现了农村创业融资的哪种途径？通过哪些途径可以更好地获得风险投资？

> 知识锦囊

风险投资对投资区域的创新能力具有较好的激励效应。对于整个国家经济而言,风险投资在推动创业组织技术创新、促进产业结构的调整、改变社会就业结构、扩大个人投资的选择渠道等方面都有重要的意义。

1. 风险投资概念及特点

风险投资是指以风险投资基金为主要代表的专业投资机构对成长期的创业组织进行的股权投资。风险投资机构拥有大量资金和相关知识技术,在投资方面具有专业性、稳定性、收益性的特点。

(1)专业性。风险投资的人是具有非常高的专业水准的,并且进行选择各类公司的时候具有专业性以及程序化,能够快速、精准的获取到投资项目。

(2)稳定性。风险资本通常在组织创立初期就投入,等到组织发展成熟后,才可以通过资本市场将股权变现,获取回报,继而进行新一轮的投资运作。因此,投资期较长,投资的资金具有稳定性。

(3)收益性。风险投资是一种前瞻性投资战略,预期企业的高成长、高增值是其投资的内在动因。一旦投资成功,将会带来十倍甚至百倍的投资回报。

2. 风险投资的组织模式

风险投资最终能否取得预期的增值回报,风险新创组织能否实现预期的成长目标,取决于风险投资公司与风险新创组织之间能否形成相应的协调机制和协同能力。因此,农村新创组织在寻求风险投资时,必须选择一个适合项目发展的风险投资组织模式,如图9-4所示。

(1)小企业投资公司。这类公司可从政府的"小企业管理局"获得低息贷款,然后又把这些款转贷给小规模的创业组织。小企业投资公司是私营公司,创办资本不能少于340万人民币。

(2)合作制风险投资公司。这是一种合伙性质的非股份制的企业。它的合伙人分为两种:一是"基本合伙人",即风险投资公司的经营者,它们对公司承担无限责任,其余的合伙人为"一般合伙人",只对公司承担有限责任。

(3)股份制风险投资公司。这类公司完全按股份制企业运作,入股者可以是私人、企业法人、银行、事业部门等。公司经营者可以是股东,也可以是由董事会聘请来的风险投资专家。

图9-4 风险投资的组织模式

(4)集团内部风险投资公司。这类风险投资公司是本集团的银行或本集团的财务公司,本集团其他成员也可以入股。此类投资公司的风险投资除本集团新的开发项目外,也可以向集团外的项目进行投资。

单元9 拓宽融资渠道

 实践活动

活动背景：

20位博士在河南一个村庄创业，投资人找上门了

在西北工业大学博士姚栋嘉的召集下，一群博士师兄弟放弃在北上广研究所、高校的工作，来到河南省巩义市胡坡村租下了一个有着两间办公室的破旧仓库，开始了创业之路。

短短七年，他们所创办的泛锐熠辉已经成为一家新材料领域的现象级创业公司。公司研发的碳陶材料还成功应用于北京冬奥会火炬。虽然地处偏远，但风投已经找上门——投资界获悉，深创投、前海母基金、达晨财智、青松资本、晨晖资本及鸿博资本等一批河南本土投资机构已经出手。

（案例来源："投资界"百家号-《20位博士在河南一个村庄创业，投资人找上门了》，2022年10月。编者进行了整理和删减。）

活动目标： 阅读上述的案例素材，分析农村创业者如何能够获得风险投资。

活动时间： 20分钟。

活动步骤：

（1）划分小组，采用随机的方式进行分组，每组以4~6人为宜。

（2）老师带领同学们回顾风险投资的特点以及组织模式有哪些。

（3）结合案例，小组代表发表看法。

（4）老师进行点评总结。

任务 5

熟悉银行贷款

案例导入

"创业致富贷"为农村创业者注入资金"活水"

代军是安徽省利辛农商银行发展的见证者，也是利辛农商银行服务乡村振兴工程的受惠者。利辛农商银行从"农家乐"到"金农创业贷"再到"创业致富贷"，农贷款产品不断丰富。

为了解决县域创业者创业资金难题，利辛农商银行创新推出了"金农创业贷"和"创业致富贷"组合贷款。作为重点扶持创业者的代表，代军第一时间享受到了贷款的红利。累计 100 万元的信贷资金，为代军的特色种植事业注入了源源不断的"资金"活水。在充足资金的支持下，代军在中疃、汝集、巩店等乡镇流转土地 2000 余亩，其中桃园种植面积就近 500 亩。

申请贷款主体可以自主在安徽农金手机银行或"我家亳州""我要贷款"等平台，办理贷款申请，在调查核实后，就可获批最高 50 万元的组合贷款。"创

业致富贷"组合贷款还将 4∶3∶2∶1 比例再担保、税融通、易贷卡和"速贷通"等贷款与"致富贷"、"创业贷"有机搭配，充分发挥了组合贷款 1+1＞2 的支农支企效用，助力了农村优质创业群体干事创业，带动百姓致富。

（案例来源：安徽省农村信用社联合社官方网站 -《"创业致富贷"为农村创业者注入资金"活水"》，2021 年 8 月。编者进了整理和删减。）

分析思考

（1）本案例体现了农村创业银行贷款哪几种类型？
（2）办理银行贷款应遵循哪些步骤？

通常来说,银行贷款在农村创业者融资总额中所占的比重是最高的。银行在判断贷款人还款能力、甄别其借款资质、完善贷后管理等方面具有专业优势,可以更好地为借款人提供资金服务。银行贷款手续较为简单,一般提供担保、房屋抵押、收入证明或者个人征信良好即可申请。

1. 银行贷款概念及特点

银行贷款是指银行根据国家政策以一定的利率将资金贷放给资金需要者,并约定期限归还的一种经济行为。银行贷款具有便利性、灵活性、经济性、可得性四个特点。

(1)便利性。贷款的主要条款制定只需取得银行的同意,不必经过诸如国家金融管理机关、证券管理机构等部门的批准,正因如此与其他商业性筹集资金形式相比,手续较为简单,筹集资金速度快。

(2)灵活性。在经济发生变化的情形下,若需要变更协议的有关条款,借贷双方能灵活地协商处理。与采纳债券筹集资金因债券持有者较为分散,难以得到全部债券持有者的变更许可相比,商业信贷较为灵活。

(3)经济性。商业信贷由借款者和贷款者直接商定信贷条件,无须做广泛的宣传与广告推广,无须大量的文件制作,正因如此筹集资金成本较低,其借款利率也低于债券筹集资金的利率。

(4)可得性。发行股票和债券筹集资金这两种形式仅适合于公司制的大中型企业,而银行则可根据企业的信用状况相应予以恰当的贷款,进而成为中小型企业长期资本的主要来源。

2. 银行贷款分类

(1)按照贷款担保条件的不同,银行贷款分为信用贷款和担保贷款

①信用贷款是指凭借借款人的信誉发放的贷款,借款人不需要提供担保。信用贷款的特征就是借款人无须提供抵押品或第三方担保,仅凭自己的信誉就能取得贷款。信用贷款以借款人信用程度作为还款保证。

②担保贷款是指由借款人或第三方依法提供担保而发放的贷款,具体又包括保证贷款、抵押贷款、质押贷款三种,见表9-1。

表9-1 担保贷款的类型

名称	含义	特点
保证贷款	借款人不能足额提供抵押时,应由贷款人认可的第三方提供承担连带责任的保证。	保证人是法人的,必须具有代为偿还全部贷款本息的能力,且在银行有存款账户。保证人为自然人的,必须具有足够偿债能力,并且在贷款银行存有一定数额的保证金。
抵押贷款	以借款人或第三人的财产作为抵押物发放的贷款。	贷款额度较高、期限较长、利率较低,比如商品抵押贷款、房地产抵押贷款等。
质押贷款	以借款人或第三人的动产或权利作为质物发放的贷款。	贷款的风险较低、贷款时间较短、操作流程简单、质物范围广泛。

（2）按照贷款用途和贷款对象不同，银行贷款分为工商业贷款、农业贷款、消费贷款。

①工商业贷款是指商业银行向城市工商业户发放的贷款。

②农业贷款是指商业银行面向农村、农业或农民发放的涉农贷款，资金主要用于农业生产等。

③消费贷款是指商业银行向消费者个人提供的贷款，主要用于个人消费。随着我国经济的长足发展和消费观念的逐步改变，消费贷款越来越为国民所熟悉并使用。

（3）按照政策性优惠的不同，银行贷款分为创业贷款融资和小额贷款融资。

①创业贷款是指具有一定生产经营能力或已经从事生产经营活动的个人实施创业活动提出资金需求申请，经商业银行认可有效担保后而发放的一种专项贷款。

②广义的小额贷款泛指贷款额度低的贷款，本书所讲的小额贷款主要指面向再就业、自谋职业或自主创业者发放的具有一定优惠性质的小额度贷款。例如，此类人员可以持社会保障部门核发的"再就业优惠证"向商业银行或其分支机构申请小额担保贷款或申请失业贷款，贷款利息是当地银行贷款的最低利率。

3. 农村创业者银行贷款融资办理

在各种融资方式中，银行贷款属于较安全、成本较低的一种选择。因此，要想成功并尽可能以较低成本获取商业银行贷款，在申请贷款时需要尽可能做好以下准备：

（1）说明贷款用途及还贷的能力。贷款用途要有真实的生产或贸易背景，创业贷款要写清项目的可行性报告，用清晰的贷款用途、可行性和贷款项目本身的盈利预期打动银行，使之放款。个人的职业、良好的信用记录或资产证明均能作为还款优势来进行陈述。

（2）确定贷款额度及还款计划。贷款额度要依据贷款的用途及个人还款能力确定，既不能夸大事实盲目追求多借一些钱，也不要因为担心银行不批贷款而刻意缩小资金需求额度。

（3）明确贷款方式和期限的选择。担保方式不同，贷款利率的浮动也会有所不同，借款人承担的贷款利息也是不一样的。以短期贷款为例，现行短期贷款利率分为半年和一年两个档次，如果借款人贷款期限为7个月，虽然只超过半年期1个月，但按照规定，必须执行一年贷款利率，这无疑增加了贷款利息负担。因此，在申请贷款前要做好充足的调研工作。

实践活动

活动背景：

创新方式破融资难题，定制产品助农民共同富裕

"下个月就要买蛏子幼苗，这笔钱真是太及时了！"10月8日，温岭市滨海镇养殖大户颜傅辉看着账户上新打进的贷款资金，笑逐颜开。让他倍感意外的是，没有抵押、没有担保，仅凭借承包权和生产设备，他就拿到了温岭农商银行的30万元贷款。

这笔贷款，正是温岭农商银行推出的"农户家庭资产池融资"。农户资产池管理通过对农户的各类自用资产评估，为辖内农户提供免担保、纯信用、小额度、广覆盖、低门槛的小额普惠贷款服务，能够有效满足农户生产经营和生活消费需要，这让很多名下没有资产、缺乏生产资金的农户看到了经营发展的希望。

（案例来源：《温岭日报》-《创新方式破融资难题 定制产品助农民共同富裕》，2021年10月。编者进行了整理和删减。）

活动目标：阅读上述的案例素材，分析温岭银行为创业农户提供贷款的作用。

活动时间：20分钟。

活动步骤：

（1）划分小组，采用随机的方式进行分组，每组以4～6人为宜。

（2）老师带领同学们回顾银行贷款的特点以及程序有哪些。

（3）结合案例，小组代表发表看法。

（4）老师进行点评总结。

任务 6

规范民间借贷

案例导入

许昭丽：脱贫致富能手

2018年3月，贵州省黔南布依族苗族自治州的平塘县宇鸣电子厂在平舟镇龙兴村正式挂牌成立，专业生产航空公司航班用一次性耳机。然而创业过程中的困难接踵而至，短短3个月，因为耳机质量不达标导致销售不出去，企业亏损近7万元。尽管困难重重，许昭丽却没有被吓倒，主动赔偿客户损失后，带领工人认真查找原因，高薪从东莞聘请高级技工调试设备，组织工人进行培训。

经过一个月的反复试验、调整，生产的产品终于达标了。但是停产这段时间，已经将积蓄的资金消耗得所剩无几，许昭丽没有气馁，坚信产品质量已经达标了，只要买齐原材料就可以继续投入生产，就可以有收入。许昭丽走上了寻求融资的路，以写借条为凭据的形式，分别从同学朋友、兄弟姐妹那获得了20万元的借款，用以支持该厂生产经营。就这样，宇鸣电子厂起死回生，当年生产耳机合格率达95%，年产量120万条，销售收入近100万元，纯利润20万元。

（案例来源：中国农村创业创新信息网-《全国农村创新创业带头人典型案例——许昭丽》，2020年2月。编者进行了整理和删减。）

分析思考

（1）许昭丽采用了哪种融资方式？

（2）许昭丽采用的融资方式有什么特点？

知识锦囊

民间借贷是一种历史悠久、在世界范围内广泛存在的民间金融活动。民间借贷融资方式非常灵活有效,既能够解决借款人短期应急资金需求问题,也可以解决不符合向银行贷款的各种条件而缺少长期资金的问题。

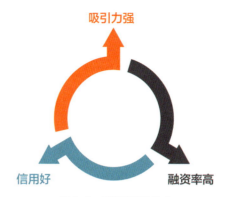

图 9-5 民间借贷的特点

1. 民间借贷的概念及特点

民间借贷是指自然人之间或自然人与法人、其他组织之间,以货币或其他有价证券为标的进行资金融通的行为。民间借贷与银行贷款一样,除了有借贷双方,一般也会有抵押、质押、第三人作为保证人等措施来保障债权人的资金安全,具有吸引力强、信用好、融资率高的特点,如图 9-5 所示。

(1)吸引力强。民间借贷主要是出于金融投资人的个人意愿,多数民间借贷的利率水平都高于正规金融机构的同期贷款利率,这对于社会中的闲置资金有着很大的吸引力,让游离的资金发挥了有效的作用。

(2)信用好。农村创业者的初始资金一般都不大,其主要来源是自己的积蓄和身边的亲戚朋友。这种融资方式一般表现为额度相对较小,缺少正规的借款合同,缺少抵押担保方式,更多的是基于亲情、友谊和相互信任。

(3)融资率高。民间借贷流程较少,街道手续简单,让资金在短时间内就可以发挥作用,是一种较为有效的集资手段。

2. 民间借贷与高利贷的区别

民间借贷是资金融通的行为,如果借贷的利率不超过法律规定的最高借贷利率,民间借贷行为是合法的,如果超过就属于高利贷,超出部分不受法律保护。高利贷是指个人或者非金融机构以牟利为目的,利用非银行借贷资金,通过约定的方式,向不特定的多数人,以远高于银行同期利率四倍(不包括四倍)的利率多次放贷给他人的行为。

民间借贷与高利贷有着本质的区别。

(1)性质不同。民间借贷是属于互助性质的行为,通常属于私人之间的单独交往。虽然放贷者也从中牟取利益,但其利率一般不高,并且最多只能为银行利率的四倍,超出的部分则不受法律的保护。而高利贷的放贷者则是以牟取暴利为其唯一的目的,放贷者把放贷当作一种商业行为,其行为发挥着银行的职能,通常利率奇高,而不只是略高于银行利率四倍。

(2)规模不同。民间借贷的规模一般较小,其借贷对象一般只针对特定的个人和单位,并且放贷的次数较少。而高利贷则规模较大,通常是向不特定的多数人多次发放贷款。

> 实践活动

活动背景：

布仁：海归创业将羊脂"变废为宝"的草原人

布仁的一位朋友来到草原，告诉布仁："羊脂是好原料，可以用来制作高档手工香皂、高档化妆品。"确定创业方向之后，要做的就是筹措创业启动资金。

布仁在得到妻子澈乐木格的大力支持后，将自己的创业计划介绍给了周围的亲戚和朋友，最终从经营牧场的朋友处借到30万元，从经营水果销售的兄长处借得了20万元并约定好在创业项目盈利后的3年内将本金还清，并根据现实情况给予一定的金额补偿。自此，布仁开始创业之路。经过长达49天的成熟过程，最终研发出了精致、芬芳、符合消费者需求的羊脂手工皂产品。

（案例来源：《农民日报》-《布仁：将羊脂"变废为宝"的草原创客》，2022年5月。编者进行了整理和删减。）

活动目标： 阅读上述的案例素材，分析民间借贷的特点。

活动时间： 20分钟。

活动步骤：

（1）划分小组，采用随机的方式进行分组，每组以4～6人为宜。

（2）老师带领同学们回顾民间借贷的特点及作用有哪些。

（3）结合案例，小组代表发表看法。

（4）老师进行点评总结。

任务 7

理解融资租赁

案例导入

方琦的老家在宁夏回族自治区固原市西吉县的一个山坳坳里，大学毕业后，方琦不顾父亲的反对，回到了欣荣村。当时村上建了一批温棚，机缘巧合下接触到肉兔养殖，当下决定开展肉兔养殖创业项目。因为是建档立卡户，方琦拿到了政府贴息的小额信贷10万元，他自己还四处找亲戚朋友借了几万元，开展创业。由于经费有限，筹集到的钱不足以盖一个专门养兔的温棚，于是方琦与村集体商议，由村集体提供温棚，方琦使用并支付租金，租赁期满设备所有权归还给村集体，就这样养殖场顺利地办起来了。

经过发展，养殖场已经从当初的200只肉兔，扩展到5000余只，方琦年收入超过15万元，成功实现脱贫。不仅如此，他还积极带动周边42户村民以资金入股分红的方式加入其中，带领大家共同脱贫致富。2020年，方琦把旁边的棚也租了下来，扩大养殖规模，同时与专业的合作社合作，实行统购统销，销路得到了保障。

（案例来源：中国农村创业创新信息网－《全国农村创新创业带头人典型案例——方琦》，2020年5月。编者进行了整理和删减。）

分析思考

方琦采用了什么融资渠道？属于哪种形式？

知识锦囊

融资租赁作为一种现代融资方式，与银行信贷相比，对于出资者来说更加安全。一方面因为融资租赁资金用途明确，因而减少了出租人在信息方面的不对称，从而降低了风险。另一方面，金融租赁公司相对于一般新创组织具有更大的规模、更好的资信水平、更完善的风险管理制度，银行更愿意向这些金融租赁公司融资而不愿意直接向新创组织融资，从而一定程度上优化了银行的资产结构，降低了金融风险。

1. 融资租赁概念及特点

融资租赁方式是由出租人主要是专业融资租赁公司直接将承租人主要是创业组织所需的租赁物件主要是机器设备等固定资产购进后，交由承租人使用，定期偿付租金的融资方式融资租赁具有以下四个特点。

（1）还款压力小。融资租赁是集金融、贸易、服务为一体的跨领域、跨部门的交叉行业，是现代化生产条件下产生的新型金融服务模式。在还款方面，农村创业者可根据自身条件选择分期还款，极大地减轻了短期资金压力。

（2）融资门槛低。虽然融资租赁具有门槛低、形式灵活等特点，但是它却不适合所有的农村创业者。这种融资方式更适合生产型、加工型的农业生产组织，特别是那些有良好销售渠道，市场前景广阔，但是资金周转暂时出现困难或者需要及时购买设备扩大生产规模的农村中小组织。

（3）财务风险小。农村创业者采用融资租赁方式取得环保、安全设备和设施以及相应管理的服务，以节能效益或未来收益分成或补贴分期支付租金，缓解了新创组织的财务压力，也可以解决农村创业组织不想买、不愿买、不能买的融资难题。

（4）资金期限长。农村创业者通过金融租赁所享有资金的期限可达3年，远远高于一般银行贷款期限。

2. 融资租赁的具体形式

融资租赁是一种以融物代替融资，融物与融资密切相关的信用形式。它以融通资金为直接目的，以技术设备等动产为租赁对象，属于一种债权融资。融资租赁主要有六种形式，见表9-2。

表9-2 农村创业者融资租赁的具体分类

类型	含义
直接融资租赁	承租人委托出租人融通资金购买并提供设备，由承租人使用并支付租金，租赁期满由出租人向承租人转移设备所有权。
经营性租赁	由出租人承担租赁物品相关的风险与收益。
出售回租	出售回租是指物品的所有权人首先与租赁公司签订买卖合同，将物品卖给租赁公司，取得现金。
转租赁	以同一物品为标的物的多次融资租赁业务。
委托租赁	出租人根据委托人的书面委托，向委托人指定的承租人办理融资租赁业务。
分成租赁	以租赁设备的产量与收益来确定租金，而不是以固定或者浮动的利率来确定租金。产量大或与租赁设备相关的收益高，租金就高；反之则低。

 **实践活动**

活动背景：

创新"融资+融物"商用车租赁模式 助力乡村产业就业发展

商用车作为生产资料，是定点帮扶河南省封丘县、滑县一些农民和低学历群体致富的重要工具。但农民等弱势群体、小微企业受困于自身规模较小、自有资本有限、信用资源较小、抵押物品缺乏等情况，难以通过传统银行信贷产品获取购车资金。租赁产品可发挥"融资+融物"的独特属性，满足其使用权和所有权相分离、且租赁物自身能产生现金流可实施分期还款便利的优势。

截至 2021 年年末，民生金融租赁股份有限公司累计投放 300 余台商用车，帮助当地实现农作物产品外销超过 140 万吨，促进了当地农业发展和农民增收。

（案例来源：21 经济网-《创新"融资+融物"商用车租赁模式 助力乡村产业就业发展 | 中国普惠金融典型案例（2022）132 号》，2022 年 11 月。编者进行了整理和删减。）

活动目标： 阅读上述的案例素材，分析融资租赁的具体形式。

活动时间： 20 分钟。

活动步骤：

（1）划分小组，采用随机的方式进行分组，每组以 4~6 人为宜。

（2）老师带领同学们回顾融资租赁的特点及具体形式有哪些。

（3）结合案例，小组代表发表看法。

（4）老师进行点评总结。

任务 8

领会典当融资

案例导入

蒙古族姑娘郭丽丽：从都市"小白领"到返乡创业"新农人"

由于家里需要人照顾，郭丽丽放下北京优渥的生活选择回乡创业。回到内蒙古科右前旗以后，郭丽丽一边照顾公公，一边成立了种畜专业合作社，将积攒下的100多万元全部投入进去，盖起了舍饲养殖标准棚圈。次年，她又花20多万买了羊。然而，羊肉价始料未及地一路下跌，没有实际养殖经验的郭丽丽遭到了重创。资金链很快就断裂了，不得已，郭丽丽将车子典当变现，以获取运营资金。

同时，郭丽丽利用这部分资金注册了电子商务服务站，通过电商平台统一对外销售。"电商产品不仅实现了质量标准化、工艺标准化、规格标准化，也带动了规模化养羊产业的发展。"郭丽丽说。

在当地政府以及相关部门的支持下，郭丽丽的电子商务服务站扩大了经营范围，将五谷杂粮、肉禽蛋类、瓜果蔬菜、民族服饰以及手工艺品等产品都加入到了电商平台，创建了村中特色电商扶贫品牌，让村民按照品牌标准种植生产农副产品、特色产品，统一回收，通过电商平台线上销售，鼓励带领村民发展第三经济并实现增收。

（案例来源：中国新闻网－《蒙古族姑娘郭丽丽：从都市"小白领"到返乡创业"新农人"》，2019年11月。编者进行了整理和删减。）

分析思考

（1）郭丽丽采用了哪种融资方式？
（2）郭丽丽采用的融资方式有什么作用？

> 知识锦囊

典当融资是一种辅助性的融资渠道，是金融体系的有益补充。典当行相当于银行的一个助手，两者之间是相辅相成、互利合作的关系。在银行贷款虽然利率相对比较低，但手续复杂，银行不愿做的或不符合银行条件的一部分客户，这时就成了典当行的客户。

1. 典当融资概念及特点

典当融资是指中小创业组织或个人在短期资金需求中利用典当行救急的特点，以质押或抵押的方式，从典当行获得资金的一种快速、便捷的融资方式。典当行是国家特许从事放款业务的特殊融资机构。与作为主流融资渠道的银行贷款相比，典当融资市场定位在于：针对中小企业和个人，解决短期需要，发挥辅助作用。典当融资具有融资性、短期性、便捷性、费用性、营利性的特点，如图9-6所示。

图9-6 典当融资的特点

（1）融资性。典当是一种融资手段，它是以借贷为基础，以质押为条件，农村创业者将当物转移到典当行，达到融资的目的。

（2）短期性。典当行向创业农户发放当金的期限一般不超过半年。

（3）便捷性。与其他融资方式相比，典当手续灵活、简单。

（4）费用性。典当借贷的费率较高，除承担贷款月利率外，还需要缴纳较高的综合费用。因此，其融资成本高于银行贷款。

（5）营利性。典当行经营收入主要是贷款费率收入，其次是到期未还款的绝当物品的销售。作为经营主体，盈利必然是它所追求的目标。

2. 典当融资的优势

相较于其他类型的融资方式，典当融资具有灵活性、自主性、多元性、快速性、易得性等多种优势，适合农村中小创业组织和个人短期的或临时性的融资需求。

（1）灵活性。典当融资是最灵活的融资形式之一，这种灵活性具体体现在当物、当期、当费手续的灵活性上。典当融资简便、快捷、省时省力。典当行贷款手续灵活简单，不审核借款人的信用度，不过问借款用途。

（2）自主性。由于银行贷款一般数额较大，不愿意提供日常的零星小额贷款，而中小企业对于短期小额融资需求较大。在典当行，只要是在规定的当期内，依照物主意愿，能够即时结算。客户只需支付两笔费用——服务费和借款利息，就可以随时赎回典当物品。

（3）多元性。典当贷款解决了抵押物单一的问题。房产、证券、汽车、各种生产资料等物品都可以进行典当。人们可以把上述物资搭配成任意组合，典当行将数据进行统一估价，做法更加灵活方便。

（4）快速性。典当融资办理普通业务平均只需要半个小时就可以拿到资金。如果是典当黄金等贵重金属，在评估师评估后，几分钟就可以签订合同，拿到资金。典当汽车和房地产等程序相对复杂，需要专业人士进行考察，但也不会超过一周。

（5）易得性。典当融资可以比较容易地获得资金。传统的商业银行通常偏向于向资信较好的国有大企业提供贷款，而农村中的新创组织获得银行贷款却存在诸多阻碍。由于典当融资采用质押形式放款，对放款对象不挑剔，因此，农村中的新创组织能够很容易地从典当行获得融资，缓解资金短缺的难题。

拓展融资渠道

活动背景：

典当融资缓燃眉之急

高永红通过大量的市场调查，她发现人们逐渐重视养生，粗粮精做深受欢迎。她因地制宜，将玉米深加工确定为发展目标，踏上了自主创业的艰辛之路。由于缺乏资金，她说服丈夫和家人，将自己多年积攒的金银细软以及家里唯一一台小汽车典当出去，在一周内筹措到100万元建了烘干塔，购进了一套先进的加工生产线，当年就扭转了因优质原料短缺而制约创业组织发展的局面。

（案例来源：69农村创业网《她将玉米深加工确定为创业项目，走绿色有机食品道路》，2019年8月。编者进行了整理和删减。）

活动目标： 阅读上述的案例素材，分析典当融资的作用。

活动时间： 20分钟。

活动步骤：

（1）划分小组，采用随机的方式进行分组，每组以4～6人为宜。

（2）老师带领同学们回顾典当融资的特点及作用有哪些。

（3）结合案例，小组代表发表看法。

（4）老师进行点评总结。

单元总结

本单元共有八个任务，详细介绍了政府拨款与援助融资、股权融资、天使投资、风险投资、银行贷款、民间借贷、融资租赁和典当融资的概念、特点、具体形式及重要作用。

融资是农村创业组织寻求资金帮助、快速发展与壮大的重要手段。农村创业组织通过融资能够在短期内得到一笔资金，从而度过困难时期。通过本单元的学习，希望同学们了解各类农村创业融资政策，掌握农村创业融资渠道，增强对农村创业融资的认识，通过分析农业创业者在融资过程中常遇到的一些问题，总结出提升农村创业融资率的策略。

  课后训练

活动背景：

有钱才能让项目转起来

冯文敏，男，1980年生人，大专学历，现任绩溪县徽和天下食品有限公司总经理。1997年，冯文敏从事厨师行业。2016年，冯文敏返乡创办了绩溪县徽和天下食品有限公司，主要经营徽菜食材的研发和加工销售。

创办公司之初,冯文敏拿出自己积蓄50万元,找亲戚朋友借了60万,拿自己的房屋抵押贷款70万元,凑足了180万元,建成原材料生产基地。在研发腌制过程中,由于前期缺乏系统的管理与生产经验,多次产品生产失败,亏损30余万元,公司面临破产,冯文敏扛着巨大的压力,拜访名师名厨,了解腌制方法。经过半年多的实验与研发,产品正式投入市场后,得到一致好评。

(案例来源:《第4批全国农村创业创新优秀带头人典型案例汇编》,中国农业出版社,2021年8月。编者进行了整理和删减。)

活动目标:阅读上述的案例素材,分析农村创业者有哪些融资渠道。

活动时间:30分钟。

活动步骤:

(1)划分小组,采用随机的方式进行分组,每组以4~6人为宜。

(2)老师带领同学们回顾农村创业融资渠道的类别及作用有哪些。

(3)结合案例,小组代表发表看法。

(4)老师进行点评总结。

单元 10
管理农村新创组织

农村创业的开始意味着农村新创组织的成立与运行。管理活动伴随农村组织始终,因此农村新创组织要对管理有明确的认识。本单元介绍了明晰组织定位、管理组织结构、规范薪酬体系、培育组织文化和巧用管理创新。

学习完本单元后,希望同学们做到:
①了解农村新创组织的定位。
②理解农村新创组织的组织结构和薪酬体系。
③掌握农村新创组织的组织文化和管理创新。

任务 1

明晰组织定位

案例导入

<h3 style="text-align:center">"老好人"的返乡创业扶贫路</h3>

——吉林省镇赉县老郝仁食品公司总经理郝会春返乡创业记

打过工、开过店、当过建筑工人、干过大车司机……47岁的郝会春，经历过人生的风雨坎坷，尝尽了务工的苦辣酸甜，返乡后成功创业，更在家乡的扶贫路上努力实现人生梦想。

公司成立初期，主要产品有原味瓜子、糯玉米、东北黏豆包等。在创造经济效益同时，还带动了周边村镇农民扩大了自家菜园种植纯绿色玉米、糯米和葵花等农作物的产量。2019年年初，公司与农户签订了绿萝卜、糯玉米回收订单，有效增加了农民收入。两年来，公司常年务工人员6人、不定期务工人员50多人，带动400多户贫困户增收脱贫。50岁的村民李猛由于耕地少、体弱多病致贫，

通过在公司务工，足不出村就有了稳定收入，他从心里感谢郝会春这个实实在在的"老好人"。

虽然在公司的发展中，也经历过最初的市场销路不宽、产品单一等诸多难题，但他都乐观应对，难题被逐一攻克、矛盾被逐一化解。找专家、跑市场、找销路、创品牌……在他的不懈努力下，公司不断发展壮大。充分利用本地优势，公司在种植、生产、加工和销售一条龙的稳步运行中，开发出了一条全新的产业链。

（案例来源：中国农村创业创新信息网 -《全国农村创新创业带头人典型案例——郝会春》，2020年6月。编者进行了整理和删减。）

分析思考

（1）结合案例，你认为老郝仁食品公司抓住了哪些商业机会？

（2）分析老郝仁食品公司有哪些区别于其他食品公司的特点？

知识锦囊

农村新创组织是全面实施乡村振兴战略的重要力量。农村新创组织的发展可以有效带动农村经济发展，团结带领农民脱贫之后接续推进乡村振兴。

1. 农村新创组织定义

农村新创组织是指创业者合理利用商业机会，在农村地区广泛应用新科技成果和新兴技术，通过整合资源创立，以获利和成长为目标，能为社会提供产品或服务，为社会创造价值的一种新的经济组织。农村新创组织分为龙头企业型、中介组织服务型、农民合作组织型和批发市场带动型四种类型。

（1）龙头企业型。龙头企业是从事种养加、产供销、贸工农一体化经营，为农民提供产前、产中、产后服务的营利性实体。基本特征是以经济关系为纽带，用经济合同或股份合作等形式，把千家万户的小生产和千变万化的大市场连接起来，形成"市场+公司+基地+农户"的经营方式。

（2）中介组织服务型。各种产前、产中、产后的社会化服务组织和专业大户，通过为农民传递信息、开拓市场、运销产品、加工贮存、技术开发、供应农资等方面的服务，带动商品基地和支柱产业，形成区域化的"中介服务+基地+农户"的种养加、产供销一体化经营。

（3）农民合作组织型。农民合作组织是以农民经营为基础，以某一产业或产品为纽带，以增加成员收入为目的，实行资金、技术、采购、生产、加工、销售等互助合作的经济组织。农民采取合作制或股份合作制等办法联合发展农产品的加工、流通及扩大生产规模。

（4）批发市场带动型。这类组织通过发挥批发市场的信息、价格、批发、贮运、结算等功能效应，带动区域性的商品生产和基地建设，从而形成"批发市场+基地+农户"产销一体化经营。

2. 农村新创组织特点

在知识、技术、产品创新速度不断加快的时代，农村产业形态也在发生着改变，传统农业正在向多元化、多功能化转变，农村经济在这些新创组织的带动下呈现出稳步上升的态势。农村新创组织的特点具体表现为以下五点，如图10-1所示。

（1）利用现代信息管理。例如，运用智慧农业管理来实现新创组织的生产与经营。智慧农业管理主要涉及农业灾害监测和农村电子商务。农业灾害监测系统可以通过"互联网+气象"的精准服务及时获取最近几天的天气情况，有必要地采取措施做好农业保护工作，让自然灾害的破坏减少到最低。

（2）发展科技推广技术。例如，新创组织通过接入网络宽带开启智慧生活。智慧农业信息服务以网络平台为基础，信息内容以简洁的方式直观呈现，内容主要涉及农业信息、便民信息、物流信息等，具体包括种植技术、养殖技术、病虫害防治技术、专家讲座、农产品交易信息等。

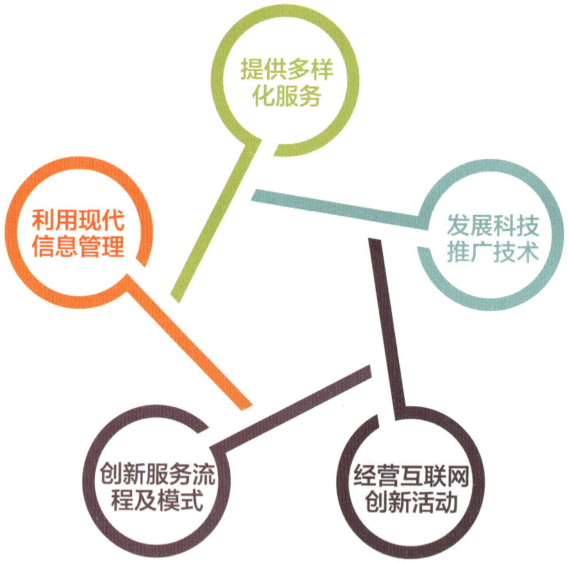

（3）经营互联网创新活动。例如，农民通过在信息平台上发布农产品需求和价格等相关信息，有指向性地把握市场动态。"互联网+"的迅速发展，让电商平台不断壮大，使农村电子商务逐渐成为农村新创组织销售农产品的主要手段，涉及农产品信息、物流、交易完成全过程。

（4）创新服务流程及模式。例如，农村新创组织以降低服务成本、提高服务质量、实现共赢为目的，通过资源整合、服务供应链管理、协同响应而产生的满足规模农户需求的服务供应链。由此，依托服务供应链这一组织形式，造就一种新的能力或竞争优势。

（5）提供多样化服务。例如，农村新创组织的主营业务向农业服务业延伸，依托原有的技术、装备、渠道、市场、信息化等优势，积极向农业服务业拓展，开展农资供应、技术集成、农机作业、线上线下对接等综合农事服务，促进技物结合、技服结合。

图 10-1　农村新创组织特点

实践活动

活动背景：

在农业现代化政策的大力推动下，全国各地进行了形式多样的农业经营体系创新，普遍存在着传统小农、专业大户、家庭农场、农民专业合作社与农业企业等经营主体，其中后三者属于新型农业经营主体。

（案例来源：中国知网-《农业经营主体的类型比较、效益分析与进路选择》，2019年3月，作者：张新文、高啸。）

活动目标： 结合活动背景，分析自己适合的经营主体类型。

活动时间：30分钟。

活动步骤：

（1）划分小组，采用随机的方式进行分组，每组以4~6人为宜。

（2）记录小组成员选择的农业经营主体类型，并说明原因。

（3）小组代表发表看法，老师进行点评总结。

家庭农场

农民专业合作社

农业企业

任务 2 管理组织结构

 案例导入

一步整合天地宽

刘峰，男，52岁，大专文化程度，中共党员，现任绥棱县克音河乡向荣村党总支书记、绥棱县克东向荣现代农机专业合作社理事长。

把一家一户的小农户连接起来，采取"村集体＋合作社＋农户"的方式，组织农民入社，变成自负盈亏、风险共担、效益共享的市场主体，集体发展。2017年村里贷款400万元，建设了占地10700平方米的现代农机合作社，购置各类农机具47台套。村干部带头，并发动亲属朋友入社，每亩只交220元的管理费。

合作社制定了公积金统提、村社按比例分成、社员按股分红等多项制度。同时引进现代组织的经营模式，成立社员大会，选举产生理事会和监事会。理事会代表社员负责采购、生产、财务、销售等生产事务。监事会聘请有威望的老党员、村民代表，负责代表社员对合作社的资金使用、粮食产量、机械购置、销售价格、

收益分配等全过程进行监督，实现民主管理和可持续发展。

（案例来源：《黑龙江日报》-《刘峰：带领向荣村欣欣向荣》，2022年4月。编者进行了整理和删减。）

分析思考

（1）结合案例说说案例中的组织结构有何特点，怎样做到可持续发展。

（2）案例中的合作社是怎样实行内部管理的？

> 知识锦囊

内部管理控制是社会经济发展到一定阶段的产物,是现代农村新创组织管理的重要组成部分,也是其生产经营活动赖以顺利进行的基础。内部管理在农村新创组织发展中发挥着至关重要的作用,目的是协调好人力、物力和财力资源以使得整个组织活动更加富有成效。农村新创组织进行内部管理的途径主要是完善组织结构、规范薪酬体系、培育组织文化和做好管理创新。

1. 组织结构类型的定义

组织为了实现高效的运转,势必少不了合适又有效的组织结构。组织结构是组织为了实现其目标,在一系列的组织理论指导下,经过组织设计形成的组织内部各部门、各层次之间固定的排列形式,即组织内部的构建方式。组织组织结构一般有五种类型,如图10-2所示。

(1)直线型组织结构。

直线型组织结构是将各种职务按垂直系统直线排列,各级主管拥有对下属的直接领导权,组织中的每位员工只能向一个直线上级进行汇报,且组织中不设置专门的职能部门。直线型组织结构如图10-3所示。

(2)职能型组织结构。

职能型组织结构,是指各级行政单位除设置主管负责人之外,还相应地设立部分职能机构,这些职能机构有权在自己的业务范围内向下级单位下达命令。职能型组织结构如图10-4所示。

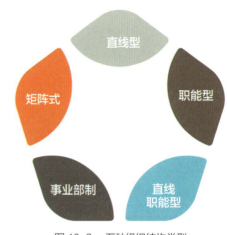

图 10-2　五种组织结构类型

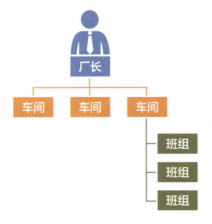

图 10-3　直线型组织结构

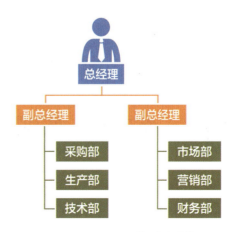

图 10-4　职能型组织结构

（3）直线职能型组织结构。

直线职能型组织结构是同时具有两套系统的管理结构，一套是符合统一命令制度的直线指挥系统，另外一套是具有专业化组织原则的管理系统。它是一种将直线型和组织型相结合的新型组织结构，因此也有人称其为直线职能型组织结构。直线职能型组织结构图如图10-5所示。

（4）事业部制组织结构。

事业部制组织结构是按产品类别或地区设立事业部，每个事业部都有自己较完整的职能机构。事业部在最高决策层的授权下享有一定的投资权限，是具有较大经营自主权的利润中心。事业部制具有集中决策、分散经营的特点。事业部制组织结构图如图10-6所示。

（5）矩阵式组织结构。

矩阵式组织结构又称规划—目标结构，该结构中存在两套管理系统，一套是满足项目完成条件的横向项目系统，另一套是职能分配的纵向领导系统。矩阵式组织结构图如图10-7所示。

2. 组织结构类型的优缺点

五种组织结构各有不同之处，在农村地区创业要选择适宜的组织结构。有效的组织结构，能够使组织中人员分配合理，工作分工有序，更能使资源得到共享，组织机制得以完善。五种组织结构其优缺点如表10-1所示。

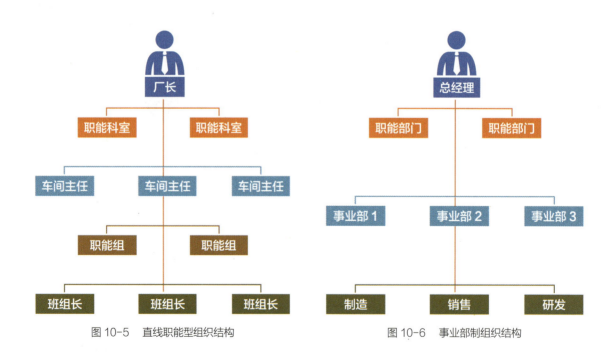

图10-5　直线职能型组织结构　　　　图10-6　事业部制组织结构

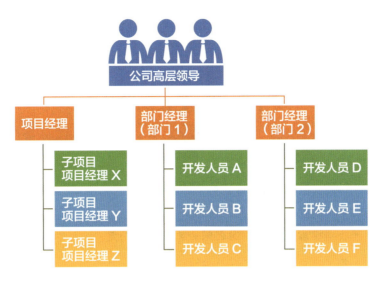

图 10-7 矩阵式组织结构

表 10-1 五种组织结构类型的优缺点

类型	优缺点
直线型	这类组织结构的优点是：管理者的职责与职权直接对应组织目标，管理权利集中，责任明确，工作指令统一，方便组织内部人员沟通联系。其缺点是：第一，这种组织结构受组织规模影响较大；第二，此结构对掌握权力的主管人员要求较高。
职能型	职能型组织结构的优点是：能够充分发挥职能机构的专业管理作用，从而一定程度上可以减轻上层主管的负担。其缺点是：第一，容易导致多头领导；第二，当上级行政领导和职能机构的命令和指导发生冲突时，下级就会出现无所适从的情况。
直线职能型	直线职能型组织结构实行统一命令并与职能部门的管理与指导相结合。这种双层管理型组织结构具有领导集中、责任明确、工作效率高等优点，但是其权力集中于高级管理层，不利于集思广益。
事业部制	采用这种结构形式的组织最大的特点是"集中决策，分散经营"。事业部制组织结构的优点是：首先，在经营管理和战略决策方面均具有很强的独立性和自主性；另外，有利于培养基层管理人员的整体观。其缺点是：该结构中活动和资源重复性高，很容易造成组织中的人员浪费，总成本上升。
矩阵式	该组织结构的优点是：首先，按产品划分和按职能划分的部门相互结合；其次，双重的权力结构便于沟通和协调，可以快速地适应因环境的不确定性产生的决策和变革。其缺点是：出现双重领导下的权利平衡和组织关系复杂等问题，对项目负责人的素质和能力均有较高的要求。

活动背景：

明鑫公司调整组织结构

明鑫公司涉及饲料、兽药、化肥、绿色食品等六个产业，采取的管理组织结构是一种比较简单的直线职能型。集团实行两级管理：上面是集团总部，下面就是各个工厂、公司或科研所等；工厂、公司、科研所之间的关系是并列的，它们均直属集团总部领导。最后定了这次调整的三条基本原则：

第一，管理组织结构的调整，应该涉及整个集团公司。

第二，外地外省子公司、联营厂与集团之间关系视情况而定。

第三，必须有利于提高管理效率和各种信息传递与反馈，有利于明确各部门、各单位的责任、权限与分工协作关系，能够充分调动集团企业等各方面生产经营的积极性与创造性。

（案例来源：豆丁网-《明鑫公司案例分析》，2018年6月。编者进行了整理和删减。）

活动目标： 通过对案例进行分析，了解组织结构的运用与管理。

活动时间： 20分钟。

活动步骤：

（1）老师组织同学们思考以下问题：

①明鑫公司采取过哪些组织结构？

②明鑫公司的组织结构有哪些优点和不足？

（2）对问题进行总结并发言。

（3）老师点评总结。

任务 3

规范薪酬体系

案例导入

腾讯薪酬结构组成

一、基本薪酬：腾讯是根据员工所处的岗位为其提供富有竞争性的基本薪酬。腾讯还会定期调查市场上的薪酬情况，并在此基础上为员工调整基本薪酬。

二、绩效奖金：年度考核结束以后，腾讯会根据自身的盈利情况及员工的绩效表现发放绩效奖金。通常情况下，绩效奖金与员工的绩效表现及贡献大小挂钩，既客观和公平，还可以体现出"与员工同成长、共分享"的企业文化。

三、年度服务奖金：为了对员工的工作贡献表示感谢，腾讯会根据员工当年的工作情况，为其发放年度服务奖金。基本形式是年底双薪，即每年的最后一个月可以拿到双倍薪酬。

四、专项奖金：为了让那些有杰出贡献的员工可以得到应有的回报，腾讯专门设计了专项奖金。专项奖金的形式一共有两种，分别为精神鼓舞和实物激励。

五、保险：腾讯为员工提供所有的法定保险，除了法定保险以外，还准备了团体商业补充医疗保险、意外伤害保险、重大疾病保险等额外的保险。

六、住房公积金：本着"员工即为企业"的原则，腾讯会帮助员工缴纳住房公积金，以便让员工可以对自己的住房进行购买、建造、翻建、大修等行为。

七、假期：腾讯会为员工提供相应的法定假期，如果员工符合休假条件的话，还可以获得额外的休假。

八、年度旅游：为了增强凝聚力、提升整体气氛、推动和谐自由、平衡工作与生活，腾讯将年度旅游纳入薪酬结构当中。就现阶段而言，腾讯的年度旅游形式是以部门为单位的集体旅游。

九、安居计划：为了帮助员工早日完成安居乐业的梦想，该计划的主要

内容是为符合条件的员工提供第一套住房首付款的无息贷款。

十、股票期权：腾讯为绩效表现持续优秀，并且希望能够长期在企业发展的员工提供股票期权。

（案例来源：腾讯网－《9家互联网大厂职级薪酬体系一览》，2021年11月。）

（1）结合案例，你认为腾讯的薪酬构成包括哪些类型？
（2）腾讯的薪酬体系有哪些优点？

1. 薪酬的含义及类型

薪酬是员工为新创组织做出贡献而从组织那里得到的各种直接或间接的经济收入，也可以看作是员工与组织之间的一种交易行为。员工向组织付出了劳动，组织为员工提供相应的货币或非货币的报酬。

薪酬通常包括三种形式：基本薪酬、绩效薪酬及福利，如图10-8所示。

图10-8　薪酬组成形式

（1）基本薪酬。

组织根据员工所承担或完成的工作本身或员工所具备的完成工作的技能或能力而向员工支付的相对稳定的报酬。在组织的薪金报酬体系中，它是最为基础的收入报酬，也是计算其他薪酬性收入的基础，但由于各人力资源在组织中性质不同，基本薪酬支付的依据和表现形式也大有不同。基本薪酬包括职位薪酬、技能薪酬、知识薪酬等。

（2）绩效薪酬。

绩效薪酬广义理解是将员工的薪酬收入与员工、团队或组织的绩效结合起来的一种薪酬支付方式，狭义理解是对员工超额工作部分或工作绩效突出部分所支付的奖励性报酬，主要是为了鼓励员工提高工作效率和工作质量。绩效薪酬中比较常用的形式有绩效加薪、一次性奖金和个人特别绩效奖等。

（3）福利。

福利是组织支付给员工的间接薪酬。福利的形式多种多样，不同组织的福利项目和内容也存在较大的差别。组织自愿性的非固定福利往往是组织结合自身的实际情况，为吸引人才或提升员工待遇而自行采取的福利措施，如养老保险、医疗保险等。

2. 薪酬设计

构建薪酬体系必须根据组织的实际情况，与组织的战略和文化紧密结合，系统全面地考虑各方面因素的影响。同时，薪酬体系的设计要体现对内的公平性和对外的竞争性，关注绩效等激励性因素，对人力资源做出最有价值的应用，以充分发挥薪酬体系在组织发展中的积极作用。薪酬体系构建流程如图 10-9 所示。

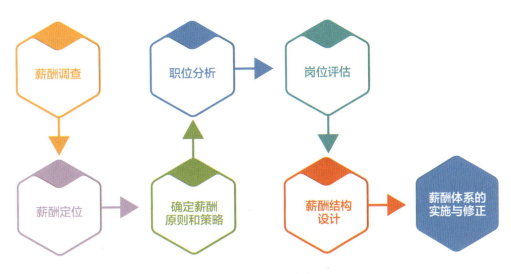

图 10-9　薪酬体系构建流程

（1）薪酬调查。进行组织薪酬现状调查、薪酬影响因素调查以及行业薪酬水平调查，调查的目的在于提高组织薪酬的对外竞争力。

（2）薪酬定位。分析同行业的薪酬数据后，根据本组织的具体情况选用不同的薪酬水平。

（3）确定薪酬原则和策略。在充分了解组织薪酬现状的基础上，确定本组织薪酬的分配依据，进而确定分配原则与策略。

（4）职位分析。职位分析是构建薪酬体系的基础性工作，需明确部门职能和职位关系，进行岗位职责分析，形成职位说明书。

（5）岗位评估。岗位评估的重点在于解决薪酬体系的对内公平性问题。一方面，能够比较组织内部各职位的相对重要程度，给职位排定等级；另一方面，建立统一的职位评估标准，使不同职位之间具有可比性，以此来实现薪酬分配的公平性。

（6）薪酬结构设计。由于各个组织所关注的内容不同，这就使得组织在构建薪酬体系时所采取的策略和原则会有所差别。组织在进行薪酬体系设计时往往会考虑职位层级、所属职系、员工技能和资历及绩效等多方面因素。

（7）薪酬体系的实施与修正。对总体薪酬水平做出准确的预算，在具体实施过程中，通过修正来不断完善薪酬体系。

管理农村新创组织

实践活动

活动背景：

YT公司是一家大型的电子企业。2006年，该公司实行了企业工资与档案工资脱钩，与岗位、技能、贡献和效益挂钩的"一脱四挂钩"工资、奖金分配制度。一是以实现劳动价值为依据，确定岗位等级和分配标准，岗位等级和分配标准经职代会通过形成。公司将全部岗位划分为科研、管理和生产三大类，每类又划分出10多个等级，每个等级都有相应的工资和奖金分配标准。科研人员实行职称工资，管理人员实际职务工资，工人实行岗位技术工资。科研岗位的平均工资是管理岗位的2倍，是生产岗位的4倍。二是以岗位性质和任务完成情况为依据，确定奖金分配数额。每年对科研、管理和生产工作中有突出贡献的人员给予重奖，最高的达到8万元。总体上看，该公司加大了奖金分配的力度，进一步拉开薪酬差距。

YT公司注重公平竞争，以此作为拉开薪酬差距的前提。如对科研人员实行职称聘任制，每年一聘。这样既稳定了科研人员队伍，又鼓励优秀人员脱颖而出，为企业长远发展提供源源不断的智力支持。

（案例来源：应届毕业生网－《YT公司的薪酬管理体系》，2017年8月。编者进行了整理和删减。）

活动目标：通过阅读案例素材，掌握薪酬体系构建的方法。

活动时间：20分钟。

活动步骤：

（1）老师组织同学们思考以下问题：

①YT公司薪酬体系的优势主要体现在哪些方面？

②YT公司在薪酬体系上还有哪些缺陷？

③你对完善YT公司薪酬体系有何建议？

（2）对问题进行总结并发言。

（3）老师点评总结。

任务 4 培育组织文化

案例导入

组织文化与组织发展相辅相成

吉林省双辽市红顺农牧业有限责任公司于2003年成立,以"立足品质、造福一方,奉献富硒产品、关爱生命家园"为经营理念;以"诚信是基石、双赢是动力,团结、合作是一条好的路"为发展观;坚持以科技为先导,以"为人类健康做贡献"为宗旨,以打造"红顺"有机、富硒特色农产品为目标,实现农业增效、带动农民增收。走有机、富硒产业集聚、集群发展的路子,制定了有机、富硒大米;有机、富硒鸡蛋等十多个产品企业标准,研究开发了一批市场潜力大,产品附加值高,特色明显的有机、富硒大米、婴幼儿中老年营养米粉、杂粮等五大系列十多种有机、富硒农产品。

（案例来源：应届毕业生网-《YT公司的薪酬管理体系》，2017年8月。编者进行了整理和删减。）

分析思考

（1）结合案例，你认为企业文化对组织的发展有怎样的作用？

（2）你能否对红顺农牧业有限责任公司的企业文化进行总结？

知识锦囊

1. 组织文化的内涵

组织文化是一项影响组织未来生存与发展的重要因素，因此农村新创组织的文化建设工作需要被认真对待和重视，要从组织的长远利益角度出发进行组织文化的设计，将农村新创组织的每一项工作都和组织文化有机结合起来，这样才能确保组织文化能够贯穿农村新创组织发展的全过程，从而形成一套科学的农村新创组织文化系统。

2. 农村新创组织文化的特征

产业兴旺是乡村振兴的重中之重，而产业振兴主要靠乡村新创组织起带动作用。如今乡村产业种类繁多，无论哪一类型的新创组织都离不开组织文化的支撑。农村新创组织文化体现为四个特性，如图10-10所示。

（1）独特性。

在创新创业这个大的环境背景下，组织文化更要有鲜明的个性特征，要体现自身的独特性。独特的组织文化沉淀主要由组织生产经营特色、组织目标、组织员工素质、组织服务宗旨及组织内外部环境决定。

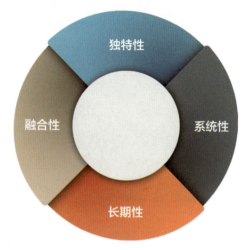

图10-10　农村新创组织文化特性

（2）系统性。

农村新创组织文化是一个有机的整体。组织价值观、组织的团队精神、组织人员的行为规范等因素构成一个文化系统，这个系统与组织的发展密不可分，系统内部各要素之间相互联系、相互依存。

（3）融合性。

农村新创组织文化的融合性主要体现在它与农村新创组织环境的协调、适应性方面。农村新创组织文化反映了时代特征，它与组织的经营环境、政策环境、人文环境以及乡村环境相融合。在农村新创组织发展的过程中，组织文化不仅要作为组织发展的向导，更要成为组织前进道路上的核心推动力。

（4）长期性。

农村新创组织起步较晚，各项发展还不够成熟，员工的培养机制尚不完善，所以组织共同的价值观、共同的发展目标及组织员工的精神共识的形成不可能一蹴而就，还需要组织不断调整，与内外部环境相适应，组织各部门和人员之间进行不断磨合才能形成稳定的组织文化。

 实践活动

活动背景：

龙久德："70后"初中生创业有成不忘根

龙久德，贵州省锦屏县三江镇令冲村人，现为贵州富东建筑设备有限公司、贵州华杭经济技术合作有限公司董事长。他认为，一个没有企业文化的企业是没有前途的企业，一个没有信念的企业是没有希望的企业。为此，他带领公司树立科学发展观，奉行"诚信、安全、高效"的服务理念，践行"企业化经营、市场化运作、规范化管理"的运行模式，全力打造综合性建筑服务企业。他还坚持学习型企业建设，鼓励员工提升自身能力。对于低文化的员工，公司鼓励员工参加业余学习，提高自己的文化素质，并给予一定的奖励。

在开拓市场、发展企业的同时，他始终牢记社会责任，积极参与社会公益事业。公司开业短短

两年就为社会提供就业岗位200余个，吸纳农村劳动力400人，其中农村劳动力100余人，贫困劳动力50余人，这些人月收入为3000~15000元不等，有效缓解了社会就业压力。他带领公司积极参与捐资助学、乡村建设等社会公益事业，无偿投入资金170余万元。龙久德也被评为"2019年脱贫攻坚优秀致富带头人"。

（案例来源：中国就业网-《龙久德："70后"初中生创业有成不忘根——记贵州省锦屏县三江镇令冲村返乡创业农民工》，2021年12月。编者进行了整理和删减。）

活动目标： 结合案例，分析组织文化在龙久德创业过程中的作用。

活动时间： 30分钟。

活动步骤：

（1）划分小组，采用随机的方式进行分组，每组以4~6人为宜。

（2）根据以上案例，总结案例中组织文化的作用。

（3）小组代表发表看法，老师进行点评总结。

任务 5

巧用管理创新

案例导入

为员工打造温馨港湾

作为广东省对口援疆示范项目,新疆东纯兴集团东纯兴纺织有限公司承载了新疆喀什地区产业转移、脱贫致富的梦想与希望。作为一家拥有1200多名员工的大型现代化纺织企业,东纯兴公司给予员工大家庭一般的关爱,为他们开辟职业提升的通道,更为企业和员工双方构筑了坚实的互信互惠基石。2019年,东纯兴公司荣获"全国模范劳动关系和谐企业"称号。

民主管理、充分沟通、保障权益,是东纯兴公司管理的重要原则。公司通过每年召开的董事会、员工代表大会、中高层管理人员会议和每季度召开总经理办公会等形式,研究讨论和决定员工薪资福利待遇、劳动用工管理、少数民族员工语言学习与技能提升、困难员工帮扶等重大事项。

东纯兴公司注重开展丰富多彩的文化生活:围绕爱厂、爱岗、爱同事,举办最美东纯兴人集赞和东纯兴好声音活动;在重要节日,举办合唱比赛、升旗仪式、篮球比赛等文化体育活动;每周定时组织员工开展两次维吾尔族广场舞、两次电影放映活动。员工兢兢业业的工作态度和爱厂胜家的工作作风,成就了公司的成功和品牌美誉。

(案例来源:中国就业网《为员工打造温馨港湾——新疆东纯兴集团东纯兴纺织有限公司构建和谐劳动关系》,2019年7月。编者进行了整理和删减。)

分析思考

结合案例,总结东纯兴纺织有限公司在人员管理方面采用了哪些做法。

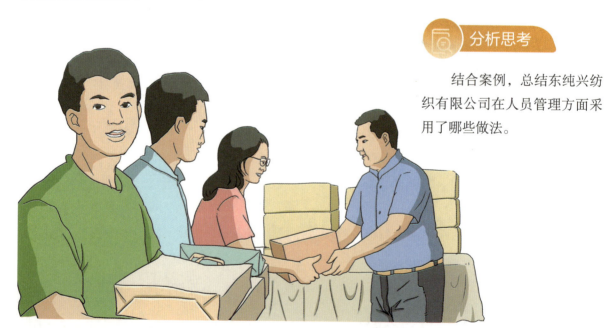

知识锦囊

管理创新,是指依据现代组织制度的要求,舍弃传统的管理模式及相应的管理方式和方法,创建新的管理模式,即创造一种新的更有效的资源整合方式。这种方式既可以有效地进行资源整合,也可以做到细节管理。管理创新可以从四个方面展开,如图10-11所示。

1. 管理理念的创新

管理理念是组织管理模式的灵魂,组织管理模式的构造、运行均以管理理念为精神指导。近代组织管理理论的发展和变化,充分体现了管理理念在组织管理模式各构成要素及其相互作用和运行中的核心作用。

图 10-11 管理创新的四个方面

在农村新创组织中,凡属管理阶层人士,都必须了解该组织的关键性业务,每一项关键业务有什么目标,每一项关键业务由谁负责。同时农村新创组织还必须建立一套适用于本身的控制和信息系统。

2. 组织观念的创新

彼得·德鲁克认为,公司的首要法则是以组织的形态维持生存,公司的本质是一种社会组织,即人文组织。现代管理理论认为,公司的组织模式必须使它在不同人的领导下持续运作,一个人管理的机构不可能长久。

因此,对陈旧的组织观念进行创新势在必行,这些恰恰是农村新创组织过去一直没有很好重视的问题。首先,要关注组织的社会特征和人文特征,组织的员工不是打工者,而是雇员,农村新创组织要想做大做强,必须使其员工有归属感;其次,组织必须能够发掘组织内部的所有人才,能够做到知人善任,用其长而避其短;最后,能够在不同的职位上考核员工的独立领导能力,确保他们的失败不会殃及组织的发展。

3. 人力资本的创新

从人力资本经济学家的角度看,将人的健康、生产技能和生产知识看成是一种资本存量,即作为现在和未来的收入增长的源泉时,此时人力资本与非人力资本并无区别。农村新创组织经过多年的发展,其产权改革已经提到再也不能拖延的议事日程。按照经典的组织理论,产权模糊的组织不可能有效率。因为产权界定不清晰,管理者、生产者努力的激励不足,搭便车的行为就不可避免。

因此，经营者人力资本产权界定的差异性是构成组织经济效率差异的最根本原因。如果经营者人力资本产权未得到充分界定，经营者会以消极工作来抵消因经营者人力资本界定残缺造成的效用损失，以达到个人效用的等值化，从而降低组织的经济效率。因此，经营者人力资本产权的充分界定是组织经济效率提高的关键。

4. 社会资本的创新

采用社会资本理论来解释区域经济发展的最有影响的管理学家是普特南，他将社会资本看作是一种类似于道德的一种经济资源。社会资本诞生并且体现于民众交往网络之中，由于长期以来民众对本地社会经济和政治生活的参与，社会资本逐渐演变成一种能够使人们互相信赖的经济资源，人们为了共同的利益而相互合作。社会资本的核心是人与人之间的信任，即社会成员对彼此诚实、合作行为的预期。

农村新创组织的发展曾经得益于这种丰富的社会资本。村民们世世代代生活在同一个地方，相互之间彼此熟悉对方的为人及其行为特点，即便是自私的人，在这种长期的交往中也表现为相互愿意合作。

管理农村新创组织

实践活动

活动背景：

四川宣汉：东西协作，白茶致富，荒山变金山

2018年，宣汉县东西部协作办指导红界村按照"政府主导、组织主体、股权量化、保底分红"的原则，采取"专合社+基地+农户"的模式，注册成立宣汉县秦巴玉芽种植专业合作社，引进浙江安吉茶商投资，建设红界白茶现代农业产业园，积极带领村民增收致富。由浙江安吉县茶场提供树苗，宣汉县农业农村局提供技术培训，当地农户流转土地，入股合作社分红，从事茶园管理、采摘。

白茶产业的兴起，吸引了一批当地人回归家乡，自主发展产业，掀起创业高潮。王千寿是红界村第一个"吃螃蟹"的人。2018年，王千寿获悉舟山市定海区与宣汉县结为对口帮扶县市，家乡正在大力发展产业，在外经商的他嗅到商机，毅然决然回乡发展。四川是柠檬种植大省，种植技术成熟，柠檬作为烹饪辅料和饮料，市场需求量大。几经思考，王千寿向红界村村委讲述了自己的想法——种植柠檬。王千寿的想法与村委不谋而合。随即，红界村奏响了千亩柠檬产业园的建设的序曲。

宣汉县东西部协作办先后下达协作资金430万元，新建柠檬选果厂房及冻库600平方米，补上水果产销关键一环，打通了"基地+冷链+消费"的全产业链条，经济效益大大提升。截至目前，建设柠檬基地2200亩，采取直销模式，产品远销江苏、上海等地，供不应求，年产鲜果90万斤，年销售额300余万元。

"下一步,我们将着力转思想、补短板、强弱项,奋力打造设施完备化、布局规范化、绿色品牌化、产销一体化、联农扶贫效益化的高标准综合性'白茶+柠檬'千亩产业园区。"该村党支部书记崔吉均信心满满。

（案例来源：中国农网-《四川宣汉：东西协作，白茶致富，荒山变金山》，2022年5月。编者进行了整理和删减。）

活动目标： 根据案例，分析其创业过程中体现的管理创新及成效。

活动时间： 25分钟。

活动步骤：

（1）划分小组，采用随机的方式进行分组，每组以4~6人为宜。

（2）根据以上案例，总结案例中管理创新的方式有哪些，取得了哪些成效。

（3）小组代表发表看法，老师进行点评总结。

单元总结

本单元主要介绍农村新创组织的管理，包括明晰组织定位、管理组织结构、规范薪酬体系、培育组织文化、巧用管理创新。组织的管理是组织稳定高效运行的关键。通过本单元的学习，同学们对于如何进行新创组织的管理已经有了深入的理解，希望同学们在进行创业的过程中，能够对自身的组织定位进行分析，构建合理的组织结构，制定规范的薪酬体系，并将组织文化渗透到创业活动过程中。

活动背景：

根据"围绕梅花鹿上中下游创成大产业，吉林双阳鹿乡特色创业就业模式""一人返乡创业带富幸福乡村，贵州汇川能人创业就业模式""孵化基地打造创业就业生态圈，山东四君子平台创业就业模式""创好产业集群富乡亲，重庆涪陵抱团创业就业模式""家乡也能筑辉煌，辽宁朝阳网络创业就业模式"五个创新创业典型案例，分析创业案例成功的关键。

（案例来源：中华人民共和国农业农村部官方网站-《全国返乡入乡创业就业典型模式》，2021年3月。编者进行了整理和删减。）

活动目标： 对创新创业案例进行分析，提升评价创新创业案例的能力。

活动时间： 一天。

活动步骤：

（1）随机分组，4～6人为一组。

（2）每组成员对创新创业案例进行分析，重点要指出创业成功关键点，并完成一份分析报告。

（3）所有小组提交报告，老师审阅总结。

单元 11

打造核心竞争力

　　创业组织核心竞争力是创业组织在市场中获取更高利润的能力，是创业组织在市场上得以立足并实现长期发展的根本。创业组织的核心竞争力是一个包含着多种因素的组合。本单元帮助创业者认识核心竞争力并从控制产品成本、保证产品质量、及时捕捉市场动向、增强产品创新能力等四个部分来介绍创业组织如何打造核心竞争力。

　　学习完本单元后，希望同学们做到：
　　①明晰核心竞争力相关概念。
　　②了解产品成本控制环节。
　　③熟悉产品质量保证方法。
　　④明确市场动向捕捉策略。
　　⑤掌握产品创新提升路径。

任务 1

认识农产品核心竞争力

案例导入

走出大山的"伊春森林猪"

宝宇公司位于伊春市乌马河区西岭林场。人一踏入"伊春森林猪"养殖基地会感觉眼前一亮——卧看松间明月，戏水石上清泉，饥餐林中野味，渴饮天赐甘露……这就是"伊春森林猪"的生长环境。该公司负责人告诉记者："这些猪在山上以天然的野果、野菜、野草、树叶为主要食物，喝的都是天然的山泉水，所以，放在山上养，既节省饲料成本，又原生态、绿色无污染。"近年来，公司建设了种猪场、育肥基地、生猪养殖场及林下放牧场，养殖基地面积达7万多平方米。兴建了年屠宰能力30万头的屠宰加工厂，初步形成了林下生态养殖特色产业，带动了伊春地区林下生态养殖业的发展。

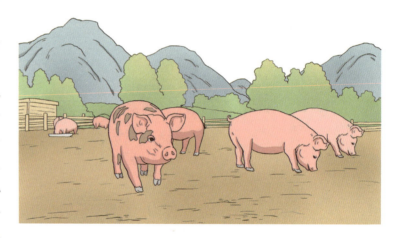

养殖全程可溯源。"伊春森林猪"在仔猪出生后就安装了电子耳标，放养时可以通过技术平台实时查看猪的位置，有关对猪的用药、饲养、屠宰、加工方面的信息，也会在每道程序中录入。安装电子耳标最主要的目的不是怕猪丢，是想让消费者吃到安全、放心的真正绿色的"伊春森林猪"肉，让所有的"伊春森林猪"全程生产、屠宰全程可追溯。

线上销售渠道畅通。"伊春森林猪"采用中高端订单养殖，猪仔刚出生就被认领。同时森林食品加工厂里面有生猪屠宰、冷藏加工生产线，做到养殖、屠宰、销售一条龙服务。据悉，伊春宝宇农业科技有限公司每年出栏商品猪15000头，但仍无法满足日趋火爆的市场需求。

线下销售渠道开拓。目前，公司已在市中心区开办了3个"伊春森林猪"可追溯产品专营店，同时积极开拓哈尔滨、北京、上海和香港市场。公司利用物联网技术建立了"森林猪"产品"来源可溯、流向可追、质量可控、责任可查"的全程可追溯系统。此外，"伊春森林猪"地理标志证明商标已经通过国家工商总局登记注册。

（案例来源：伊春森林网-《"伊春森林猪"如何走出大山》，2021年3月。编者进行了整理和删减。）

分析思考

思考宝宇公司做了哪些努力来提升伊春森林猪的市场竞争力？

知识锦囊

打造核心竞争力对创业组织十分重要，而认识和理解核心竞争力是其重要前提。创业者要明确核心竞争力的概念以及农产品的核心竞争力的特点，进而采取有力措施提升创业组织产品的核心竞争力。

1. 核心竞争力

核心竞争力是指能够为企业带来比较竞争优势的资源，以及资源的配置与整合方式。随着企业资源的变化以及配置与整合效率的提高，企业的核心竞争力也会随之发生变化。凭借着核心竞争力产生的动力，一个企业就有可能在激烈的市场竞争中脱颖而出，使产品和服务的价值在一定时期内得到提升。

2. 农产品的核心竞争力

农产品由于其所具有的独特属性，它的核心竞争力主要体现在质量、性价比、创新水平等方面。农产品的质量安全至关重要，绿色、有机、无污染是高质量农产品的体现。同时，在保证农产品质量的前提下，拥有高性价比及符合市场消费者需求具有创新水平的农产品在市场上会更加受消费者的青睐。

3. 农产品核心竞争力的体现

农产品的核心竞争力主要体现在产品成本、产品质量、产品更新速度、产品创新水平四个方面，如图 11-1 所示。

图 11-1 体现农产品核心竞争力的四个方面

（1）产品成本。产品的成本对产品的价格有着较大的影响。只有产品的成本得到较好的控制，产品的价格才能更具优势，产品才更具竞争力，更吸引消费者的购买。

（2）产品质量。产品的质量是产品的生命。产品如果没了质量，其他地方做得再出色也没有意义。创业者尤其是农村创业者要高度重视产品的质量，各环节严格把关，保证进入市场的产品都是精品。

（3）产品更新速度。产品需要随着市场消费者的需求变化做出相应的改进，这是商品保持持久竞争力的关键。农村创业者要及时捕捉市场动向，不断更新产品，让产品始终符合市场消费者的需求。

（4）产品创新水平。产品的创新水平往往是与同行竞争产品竞争取胜的重要法宝。同样质量的产品，可能一个产品在款式和外形做了一些创新，它就会更加吸引消费者的眼光。

打造核心竞争力

 实践活动

活动背景：

贵阳市骆家桥高标准蔬菜保供基地如今已全面建成427个高标准蔬菜大棚和200亩露天种植基地，共计占地3200余亩。按照"一区一季一品种、多区多茬多收"的种植模式，基地内各类优质蔬菜年产量可达8000余吨。

该基地依托当地的地理区位优势，海拔、气温、降雨量和土壤成分等因素共同决定了当地适合种植的蔬菜品种，这在一定程度上降低了农产品的生产成本。同时，借助区位优势种植出的蔬菜品种，在后期的产量、品质和经济效益上都有了显著提升。

在基地蔬菜实验大棚中，基地技术员对大棚内试验种植的多个辣椒类品种的果长、果径、区域

结果数量等数据进行测量记录。通过科学测量和现代化手段种植，基地蔬菜品种更新速度显著提升，不断培育出新的蔬菜品种，2022年3月，骆家桥蔬菜保供基地在完成第一季蔬菜采摘后，选取试验棚中的优良品种"博陇"和"先红6号"作为第二季蔬菜品种进行种植，产量达2000余吨。

如今，该基地以骆家桥村集体经济合作社的名义注册了"贵山蔬菜"商标，形成了当地自己的农产品品牌。

（案例来源：《农民日报》-《贵州清镇市大力推进农业与现代科技相融合——创新驱动蔬菜产业提档升级》，2021年11月。编者进行了整理和删减。）

活动目标： 掌握农产品核心竞争力的要素，根据活动背景中的案例，探析农产品核心竞争力的作用。

活动时间： 20分钟。

活动步骤：

（1）划分小组，采用随机的方式进行分组，每组以4~6人为宜。

（2）根据活动背景，老师引导同学对农产品核心竞争力的影响因素探析。

（3）讨论要包含以下两个方面：

①小组成员讨论骆家桥高标准蔬菜保供基地种植出的蔬菜品种的核心竞争力体现在哪些方面。

②讨论农产品的核心竞争力如何给农村创业组织带来竞争优势。

（4）小组代表发表看法，老师进行点评总结。

任务 2 学会控制产品成本

案例导入

陈大全：农村创业领头人

陈大全是土生土长的尧龙山镇人。2019年7月，他与该镇14名返乡创业民工成立了贵州尧龙人家农副产品开发有限公司。2019年以来，先后推出了萝卜干、油辣椒以及具有尧龙山镇本土特色的尧龙香米等产品，一经上市就广受好评。

在这之前，尧龙山镇虽然依托避暑旅游让农产品有了销售市场，但由于当地农产品多数未进行深加工，很多的农产品因没有很好地储藏，出现腐烂、变质的情况。了解这一情况后，陈大全对重庆农产品市场进行细致深入的考察，结合尧龙山镇农产品的优、劣势，先对农产品的原料采购进行成本控制，然后把当地的农产品进行加工，严格把控生产过程中人工、水电费等成本费用，解决了当地农产品成本过高、产量过剩的问题。

同时，陈大全不断创新销售模式，采用"线上+线下"销售模式，并在尧龙山镇成立乡村食品体验馆，通过让游客现场品尝和体验，提高尧龙山农产品的知晓率。另一边，企业和当地农户签订长期仓库租用合同，降低了农产品的储藏费用与公司的仓储费用。同时与物流公司形成长期合作，降低物流运输费用支出。通过放置泡沫、冰袋等方法降低农产品的损坏率。在销量提升的同时，控制了产品成本。以"公司+合作社+农户"的经营模式，带动全镇村民在家发展养殖业、种植业、乡村旅游，解决当地农产品产量过剩、群众销售难题，增加了群众收入。

（案例来源：人民网贵州频道-《陈大全：农村创业领头人》，2021年4月。编者进行了整理和删减。）

分析思考

（1）陈大全是如何解决农产品无法保存出现腐烂变质的问题？
（2）结合案例思考从哪些方面努力去控制产品成本。

知识锦囊

农产品成本控制是指对农产品原料采购、生产、运输、储藏过程中实施的全面控制。成本控制的目的决定了成本控制的内容。从成本控制的范围来看，它不仅包括农产品的生产过程，还向前延伸到农产品的种子的购买，向后延伸到农产品的储藏及运输过程；从内容上看，不仅要对费用的支出进行数额上的控制，还要从费用发生的时间上、用途上进行控制，即要研究成本开支的综合效果。农产品的成本控制将从以下四个环节来努力：

1. 控制农产品原料采购成本

农产品在生产之前必须要进行原料采购，包括化肥、种子、地膜、饲料等。原料采购成本控制对整个农产品的成本控制十分重要。创业者可以在原料价格低迷时提前大量购入一些耐储存的原料。同时，可以通过和原料供应商达成长期的合作意愿来取得一个较低的原料采购价格，降低原料采购成本以及避免由于市场波动对原料采购成本产生影响。

2. 控制农产品生产过程成本

农产品生产过程的成本主要是指雇用工人、生产灌溉、生产用电、土地流转费用、生产机械费用支出等。农产品生产过程中的成本控制主要体现在创业者对生产过程的管理中。例如，要选择合适的薪酬管理方法，激励雇佣工人的工作积极性；在生产机械管理上可以和其他生产者合伙购买机械，共同使用，降低生产成本。

3. 控制农产品运输过程成本

农产品的运输过程的成本主要是指农产品在销售运输过程中因农产品损坏造成的损失以及运输过程中支付的运输费用等。创业者如果是通过电商平台等方式销售自己的农产品时，可以通过与物流公司签订长期合同来降低物流运输费用支出，同时通过放置泡沫、冰袋等方法降低农产品的损坏率。创业者需要根据自己的产品属性选择合适的运输方式。

4. 控制农产品储藏过程成本

农产品的储藏过程成本主要是指农产品在储藏过程中因农产品损坏造成的损失以及储藏过程中支付的仓储费用等。大量的农产品成熟后如果不能立即进入消费市场就需要创业者将农产品进行储藏。例如苹果、生菜等需要放入冷库储藏。创业者可以选择与其他生产者合建冷库或者将生产出来的农产品深加工来降低储藏过程的成本。

管理农村新创组织

实践活动

活动背景： 小明在浙江湖州通过土地流转的方式种植了20亩阳光玫瑰。阳光玫瑰的种植对技术要求较高，需要定期追肥、灌溉、修建枝叶，在采摘时需要人工采摘。同时，阳光玫瑰易腐烂，对保鲜要求较高，在储藏和运输过程中要保证相应的湿度和温度。

活动目标：根据活动背景中阳光玫瑰的自然属性，结合"知识锦囊"中的知识点，分析小明可以采取控制生产成本的途径。

活动时间：20分钟。

活动步骤：

（1）划分小组，采用随机的方式进行分组，每组以4~6人为宜。

（2）根据活动背景，老师引导同学进行产品成本影响因素的探析。

（3）讨论要包含以下两个方面：

①小组成员分别从四个方面进行活动背景讨论，总结产品成本的影响因素有哪些。

②提出控制农产品成本的策略方法。

（4）小组代表发表看法，老师进行点评总结。

任务 3

切实保证产品质量

案例导入

90后创业团队：种植"仙草" 质量为先

刘波是一名退伍军人，2009年退伍后，他先后经历了三次创业，直到2014年创立安徽极石生物科技有限公司。说起创业经历，他坦言，自己的第一桶金是做淘宝电商挖到的。"当时我在网上主要经营的是以霍山石斛为主的大别山中药材，做的时间长了，对于这个行业的发展有了自己的很多思考。我觉得，要想保证行业的健康发展，优质的产品也就是产品的来源是第一位的，这也促使我下定决心去大山里种霍山石斛。"

说起自己如何组建创业团队时，刘波说，在寻找合伙人时，除了人品、能力，他最在意的就是共同的价值观。"创业光有梦想是远远不够的，毕竟，在创业过程中会遇到许多意想不到的困难，这个时候，就需要有强烈的使命感让自己坚持下去不放弃。"在说到这个话题时，刘波回忆起去年夏天发生的一件小事。因为去年的雨季比较长，石斛基地里长了不少蛴螬（俗名鼻涕虫），为了保证石斛的质量，他们没有选择喷药，而是决定手工除虫。那段时间，每天晚上8点到11点，有时甚至到凌晨，他和其他两个合伙人打着伞，一直忙碌在基地里。刘波对自己的团队赞誉有加。

（案例来源：《皖西日报》-《90后创业团队：种植仙草 坚持梦想》，2021年4月。编者进行了整理和删减。）

分析思考

（1）创业者刘波是如何保障自己的石斛产品质量的？
（2）思考需要从哪些环节努力保证产品质量。

知识锦囊

创业者必须高度重视产品的质量。要提高产品质量，创业团队必须全员参与，每位成员都有义务和责任保证好产品质量，牢固树立质量意识。从原材料的采购到农产品的生产过程再到农产品进入市场，创业者要严格执行整个流程的质量标准。创业者要保证进入市场的产品是安全的、值得信赖的，这样才能得到消费者的认可，产品的口碑才能建立起来。

1. 控制原料质量

创业者要对农产品生产所需要的原材料进行检验。例如，畜牧养殖领域的创业组织要对饲料、疫苗等原材料的质量严格把关；种植业领域的创业组织要对种子、农业、化肥质量严格把关。尤其是有机养殖创业组织和绿色种植创业组织，必须要按照有关标准规定，购买符合标准要求的原料。创业者要定期对原料的质量进行抽查、抽检，切实保证原料质量安全。

2. 控制生产过程质量

生产过程的质量控制是整个产品控制中最为关键的环节。在生产过程中，创业者要制定好清晰明了、容易执行的质量控制方法。创业团队中的全体成员要根据制定好的质量控制方法严格执行制定。例如，绿色有机蔬菜的种植规定不打农药，通过采取物理、生物的手段来除草和除病虫害。从事这一领域的创业组织就需要在生产过程中严格执行这一要求，切忌为了节省生产成本，采用喷洒农药的方式来除草、除病虫害。

3. 控制农产品出厂质量

进入市场前的质量检验是创业组织质量保障的最后一关。如果质量不合格的农产品流入消费市场，那么最终损失的还是自己的信誉。因此，在做好农产品的出厂质量控制基础上，要强化质检机构对农产品质量的监控作用。创业者要主动邀请有质检资质的质检部门对产品质量进行细致检测和严格把控，牢固树立以质量为中心、以服务为宗旨、以有效为标准、以提高质量和增加经济效益为目的的创业准则。

实践活动

活动目标：参照案例导入，并结合知识锦囊的内容进行分析刘波是从哪些环节来保障石斛的质量的。

活动时间：20分钟。

活动步骤：

（1）划分小组，采用随机的方式进行分组，每组以4～6人为宜。

（2）根据案例导入中的案例，老师引导同学进行保障石斛质量做法的探析。

（3）讨论要包含以下两个方面：

①小组成员通过阅读案例来讨论有哪些做法保障了石斛的质量，并进行总结。

②结合"知识锦囊"的内容指出还有哪些不足的地方，后期需要如何改进。

（4）小组代表发表看法，老师进行点评总结。

任务 4 及时捕捉市场动向

 案例导入

米厂有了小剧团 大米营销上舞台

为适应农场企业化改革后的新发展需求，普阳农场有限公司招募了有创作表演特长的企业员工、短视频爱好者，成立了《米厂故事》小剧团，从设备采购、选题策划、文案编辑，再到顺利开机，团队以搞笑短剧的形式，依托专业的短视频创意、服务、运营，创作出精准触达用户需求的短视频内容，赋能品牌营销能力提档升级。

剧团开拍不久，在题为《米厂新规定》的短视频里，幽默的语言、滑稽的表演就引得近万人点赞观看，这也给产品营销带来了商机，广东军威实业集团有限公司对视频拍摄场地中呈现的先进加工设备和具有本土文化特色的产品包装十分感兴趣，通过网上沟通和实地考察，最终签订了一次性订购 1000 吨大米，金额 390 万元的合作销售意向协议，这也让公司成功挖到了第一桶金。

《米厂故事》小剧团的创作不仅局限于剧团主创人员，还广泛征集企业上下所有员工的创意与灵感，让所有人都能有机会走上这个舞台，展示企业形象和品牌实力，形成了全民参与营销的大格局，让企业员工更好地适应企业化改革后新的发展趋势。

（案例来源：中国农网-《米厂有了小剧团 大米营销上舞台》，2022年3月。编者进行了整理和删减。）

（1）普阳农场是如何创新营销方式来准确对接消费者的需求的？
（2）请分析该案例的营销方式与传统营销方式的区别在哪里。

知识锦囊

打造核心竞争力，其中很重要一项是提高认识和了解市场的能力，即了解顾客现有和正在出现的需求的能力；了解竞争对手的各种实力，了解技术、社会和人口发展趋势。要想增进对市场和顾客需求的了解，及时捕捉市场发展动向，农村创业组织需要采取以下主要措施：

1. 深入市场调研，掌握供求信息

农村创业组织怎样定位创业领域，如何进行创业，关键还是由市场来决定。例如，如果创业者发现生猪的市场供给量远远达不到消费者的需求量，那么创业者就可以考虑进行生猪养殖方面的创业；如果创业者在市场调研中发现中草药种植市场，供给远远大于需求，那么创业者就要避免该领域的创业。所以，创业组织对市场的调研分析与研究十分重要。

2. 时常靠近顾客，面对顾客需求

农村创业组织需要及时地了解市场消费者对自己产品的评价和反馈。市场对产品的需求一直在发生变化，创业组织也要及时根据市场的需求变化来调整自己的发展思路。例如，之前消费者在购买蔬菜和水果时更加看中价格是否便宜，但是随着收入和消费水平的提高，消费者越来越看中产品的质量。消费者的消费需求要求创业组织把产品控制重心由成本控制转向质量控制上来。

3. 了解竞争对手，学习对手优势

农村创业组织要想长久的立足于市场，受消费者欢迎，这就要求做到比竞争对手更好，而比对手做得更好的前提就是要了解对手，并且学习对手身上的优点。例如，明康汇是浙江的一家生鲜连锁品牌公司，它的竞争对手是另一家生鲜连锁品牌"钱大妈"。明康汇在经营中发现"钱大妈"的一项营销策略是不卖隔夜肉，受到了消费者的欢迎，于是他也采取了这一策略，营业额得到了快速的提高。这就是明康汇向对手学习的结果。

捕捉市场变化，识别市场需求

活动目标：掌握本任务"知识锦囊"中的知识点，了解市场的发展趋势，及时捕捉市场变化，学会识别市场新需求。

活动时间：30分钟。

活动步骤：

（1）划分小组，采用自愿组合的方式进行分组，每组以4~6人为宜。

（2）请同学们自行搜集浏览相关农村创业案例，通过捕捉市场变化，列出发现的市场新需求，填入表11-1。

大家要学会识别市场新需求噢！

表11-1 市场新需求记录表

市场新需求	潜在的发展机会	补充说明

市场新需求的发现来源可考虑以下几个方面：个人生活经历，偶然的发现，个人兴趣爱好，个人的家庭环境，家庭成员从事的职业及相关的行业背景，国家政策导向，产业结构及技术的变革。

（3）学生交流，老师进行点评。

任务 5

增强产品创新能力

案例导入

壮大"甜蜜产业"，建好"花卉小镇"

丰阳要把"甜蜜产业"做得更甜。负责人吴瑞标介绍：该中心于2018年8月开工建设，12月投入使用。"占地23亩，分三期建设，最终打造成一个集果蔬交易、农技培训、产品销售、电子商务、乡村旅游、种植示范基地等多种功能于一体的大型农业基地。"

青砖蓝瓦，重檐飞翘，木雕窗花……走进"畔水庭院·大夫第民宿"，浓浓的岭南味扑面而来。对于该民宿的风格，唐庆卫给予了好评。"大夫第"是一个九进院落式古宅，前身为畔水村清代官员成兆候的府第。因无人居住年久失修，曾经显赫一时的大夫第成了村中"荒、乱、差"的代名词，被村民用来圈养家禽。

2018年7月，广州岭南集团在对口帮扶工作中将这座古宅大院进行保护性开发，投资600多万元打造乡村民宿，于2019年1月29日试营业后，客似云来，特别是每到周末和节假日异常火爆。该民宿占地1278平方米，设有19间客房（30个床位），配套2个小花园、3个会客厅、1个会议室和1个书吧，具备较为完整的乡村民宿功能。该民宿还是广州岭南集团的"精准扶贫样板工程"，肩负着带动当地群众脱贫致富的重任。

"利用旧屋产生效益，非常不错。"唐庆卫表示，畔水村要把民宿和农家乐有机结合起来打造，进一步擦亮特色民宿品牌，特别要注重做好营销工作，助推畔水的乡村旅游产业发展迈上新台阶。

（案例来源：《南方日报》-《壮大"甜蜜产业"建好"花卉小镇"》，2019年12月。编者进行了整理和删减。）

分析思考

思考丰阳是如何变废为宝，发展起乡村民俗的。

> 知识锦囊

产品创新是指在产品技术变化基础上进行的技术创新。产品创新包括在技术发生较大变化的基础上推出新产品，也包括对现有产品进行局部改进而推出改进型产品。因此，产品创新可分为全新产品创新和改进产品创新两种方式。例如为了方便长途运输和保证长期不变质，生产厂家将新鲜的水果加工成水果罐头，就属于产品创新中的改进产品创新方式。

1. 产品创新的方式类型

（1）全新产品创新方式。

全新产品创新是指产品在技术上有了重大的突破，包括农产品的种植或养殖不再受特定条件的约束，或者是培育出了新的产品品种。例如之前人们只能吃应季的蔬菜和水果，根据季节变化选择自己的食物，饮食具有局限性，但是大棚种植技术的突破改变了这一现状。大棚种植可以调节光热、温度，使得蔬菜和水果的种植不再受季节的局限，人们可以在一年四季都能吃到想吃的蔬菜和水果。

（2）改进产品创新方式。

改进产品创新是指对现有产品进行局部性改进，所产生的技术创新包括对农产品的产量进行提升，或者对农产品的口味进行调整等做出的创新。例如：我国杂交水稻的亩产量最开始是1976年在洞庭湖推广的"南优2"号400～500千克，后面经过水稻育种专家的攻关，亩产在1984年达到587千克，2021年杂交水稻双季亩产已经突破了1500千克，正是对水稻品种的改进和优化，才实现了亩产的不断提高；黄桃罐头生产者发现之前消费者对产品的甜度要求较高，但随着消费者健康意识的提升，对产品的甜度要求有所下降，这就要求生产者要改进自己的产品的甜度，让其更好地适合消费者的口味。

2. 产品创新的策略

（1）产品创新要以市场需求为导向。

产品创新活动要以消费者需求为出发点，牢牢地把握这一导向，才能明确产品创新的研究方向。创业者通过相关的技术创新活动，创造出适合这一需求的适销产品，使市场需求得以满足，产品才能在市场上持久地受到消费者的欢迎。

（2）产品创新要通过多途径来推进。

创业组织既要增强自主创新能力，又要善于引进外部创新力量，通过合作推进产品创新。以伊春森林猪为例，宝宇公司通过与养殖专家合作，实行了全程可溯源的生产方式。

（3）产品创新要充分考虑自身的实力。

创业组织在初期进行产品创新时主要以模仿为主，通过参考市场的竞争产品来改进创新自己的产品。创业组织要根据自己的组织实力来制定适合的创新战略，切忌不考虑实际情况盲目地投入大量资金进行创新活动，以免创新获得的结果事与愿违。

（4）产品创新要注重对创新人才的培育。

产品创新需要创新人才。创业组织只有拥有了大量具有创新能力的人才，才能营造创新的团队氛围。创业组织在创立之初就要注重引进人才、培养人才、重用人才，让优秀人才为创业组织的发展贡献力量，为产品的创新提供创意和想法。

实践活动

活动背景：西双版纳的鲜花市场一直是公众认可的。李华永以公司加农户的形式与农户签订了保护价收购协议。到2016年，当地的玫瑰花基地已经达到了1万多亩。

他从农户手里收购的玫瑰花，运到车间里加工成玫瑰精油和玫瑰纯露。150万朵玫瑰花才能提取出1千克初级精油，能卖到12万元左右。他不但卖初级精油，还利用玫瑰精油和玫瑰纯露开发出了一系列护肤品和洗化用品，其中玫瑰单方精油1克就能卖到600多元。

（案例来源："好地标创业路上"搜狐号-《农业创业案例分析14：云南玫瑰产业链成功案例》，2017年6月。编者进行了整理和删减。）

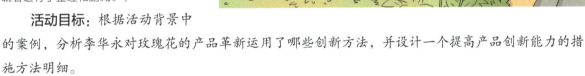

活动目标：根据活动背景中的案例，分析李华永对玫瑰花的产品革新运用了哪些创新方法，并设计一个提高产品创新能力的措施方法明细。

活动时间：20分钟。

活动步骤：

（1）划分小组，采用自愿组合的方式进行分组，每组以4～6人为宜。

（2）根据"知识锦囊"中的提高创新能力的方式，设计出框架，老师点评后进行小组讨论。

（3）讨论要包含以下两个方面：

①在上述案例中，对于玫瑰花有哪些产品创新的形式？运用了哪些措施和方法？

②这些措施和方法在实际应用中是如何提高玫瑰花创新能力的？

（4）小组代表发表看法，老师进行点评总结。

单元总结

本单元主要介绍如何打造核心竞争力，包括认识农产品核心竞争力、学会控制产品成本、切实保证产品质量、及时捕捉市场动向、增强产品创新能力。在农村创业活动中，创业组织控制产品成本、保证产品质量是创业组织发展的基础，只有这样才能赢得消费者信任。创业组织及时捕捉市场动向、增强创新能力是创业组织不断壮大变强的主要手段，决定着创业组织能否长久的立于市场之中。通过本单元的学习，希望同学们对于如何打造自身竞争力有充分的了解和认识，并将这些措施应用到创业活动中，促进创业成功。

 课后训练

活动背景：

成巧桂是甘肃省天水市秦安县的致富能手。为了帮助家乡摆脱贫困，在外积累多年经验后，她决心回乡创业。

在乡亲们的不看好下，她承包了村里200亩核桃园。经过半年的精心打理，力保园内的核桃质量，年底核桃园大丰收，她也因此赚到了人生第一桶金。

为了让村民富起来，她开始寻找致富门路。成巧桂结合云山村高海拔、温差大、日照足的地理优势，并且提前进行市场调研，了解市场动向，并对顾客进行产品满意度调查；因地制宜创办生态园，采取村民以土地入股的形式，新建有机蔬菜大棚3个，草莓大棚3个，配套养殖散养蛋鸡2000只；不断通过同行学习、技术提升、培训员工等方式，增强园内产品的创新能力，培育出新的草莓品种；为畅通销售渠道，成巧桂积极行动与快递公司合作，成立了云山村扶贫专递代办点，利用云山村电子商务平台和农特产品资源优势，扩大影响力，通过各方面的不断完善，逐步打造出属于自己的核心竞争力。

如今，成巧桂不仅成了村民们口口相传的致富典范，还带动越来越多的村民加入生态养殖的队伍。

（案例来源：中国农村创业创新信息网-《全国农村创新创业带头人典型案例——成巧桂》，2020年5月。编者进行了整理和删减。）

活动目标：结合案例，分析成巧桂通过哪些方法打造了属于自己的核心竞争力，这些方法在农村创业过程中还有哪些地方可以进行结合和改进。

活动时间：30分钟。

活动步骤：

（1）划分小组，采用随机的方式进行分组，每组以4~6人为宜。

（2）根据案例中内容，分析成巧桂运用了本单元的哪些方法促使她最后成功打造了她的核心竞争力，使用这些方法后她的创业成效如何；思考除了本单元列举的方法之外，还有没有其他可以促进核心竞争力形成的方法。

（3）小组间进行交流学习，老师进行点评总结。

单元 12
编撰创业计划书

　　撰写创业计划书是创业过程中必不可少的一个环节。详尽的创业计划书，可以提醒农村创业者应当注意什么问题，规避什么风险，指导农村创业者的工作，并最大限度地帮助其获得来自外界的支持。本单元主要介绍农村创业计划书的内涵和特点、结构及撰写技巧。

　　学习完本单元后，希望同学们做到：
　　①了解创业计划书内涵和特点。
　　②理解创业计划书结构。
　　③掌握创业计划书的撰写技巧。

任务 1 了解创业计划书内涵和特点

案例导入

创业计划助力企业获亿元投资

内蒙古新中农沙地农业投资股份有限公司始建于 2014 年，专注于沙地经济产业开发投资与发展。该公司生产的"沙米"根据独有的自然环境投巨资进行育种、种植生产、品牌化等全产业链开发，线上线下相结合，大大降低了有机大米的生产成本，提高了效率，拓展了规模。

为扩大经营规模，该公司决定进一步寻求投资。创业计划是融资过程中的重要过程，该公司进行了大量的调查与分析，把握市场需求及自身的竞争优势，分析发展的前景以及如何规避可能的风险，撰写了高质量的创业计划书将分析结果呈现给投资人。在创业计划书的撰写中，着重突出了产品"沙米"依托天然无污染的种植环境、极大的昼夜温差、丰富的地下水资源、更长的光照时间，其晶莹剔透、粒粒饱满；沙米的种植不仅解决了千家万户对有机健康食用稻米的需求，更在最大程度上助力了沙漠保护与农业经济的发展。并展示了该企业独具特色的互联网渠道，将"互联网＋大米"作为自身特色，最终获得京东众创"百十一"计划 Pre-A 轮投资，并在同年获得了亿利资源集团数亿元 A 轮投资和京东集团全面的资源导入和支持。

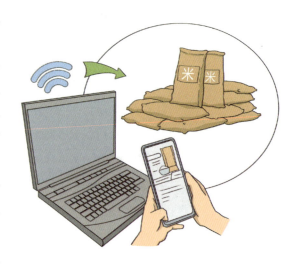

（案例来源：百度网 -《沙漠种水稻，仅第一年盈利 131 万，他是如何做到的》，2017 年 9 月。编者进行了整理和删减。）

分析思考

（1）结合案例和你的学习，你对农村创业计划书有哪些了解？
（2）结合案例，你认为农村创业计划书有哪些作用？

知识锦囊

创业计划书是创业者经营设想的总结和概括,对农村创业活动具有举足轻重的作用。创业项目从选择到确立再到真正成立并持续发展是一个漫长的过程,是无法事无巨细的在纸上呈现并向投资者展示的。此时,需要一份行动指南——创业计划书。

1. 创业计划书的概念

农村创业计划书是创业者实施创业的商业设计。它用以描述创业组织内外部环境条件和要素特点,为创业项目的生存发展提供指示图,也是衡量业务进展情况的标准。

创业计划书重点知识点

2. 创业计划书的特点

农村创业计划书用以描述与创业活动相关的内外部环境条件和要素特点,为业务的发展提供指示图和衡量业务进展情况的标准。农村创业计划书结合了市场营销、财务、生产、人力资源等职能计划,具有以下4个特点,如图12-1所示。

(1)逻辑性。创业计划书的编写必须思路明确、内容全面、前后逻辑性强,这是因为农村创业者需要在创业计划书的指导下进行农产品市场开发、生产安排、组织运营,从而把预想的成果变成切实的经济利润。

图 12-1 农村创业计划书特点

(2)可行性。所选择的创业项目要有可行性,不要做目前技术无法支持的项目。同时,行动和目标越一致,创业计划的可操作性越高,创业成功的概率越大,得到投资者认可的概率也就越高。

(3)概括性。创业计划书必须涵盖计划要点,并做到内容清晰,一目了然,以便读者能在最短的时间内评审计划并做出正确判断。只有高度概括、内容翔实、数据丰富、体系完整的创业计划书才能够帮助农村创业者吸引投资商,获得融资。

(4)时效性。农村创业者面临的外部经济社会环境并非一成不变的。因此,在制定创业计划时,应根据不同发展阶段的实际情况进行调整,与时俱进,使创业计划总能够保持领先于发展现状的时效性。

3. 创业计划书的作用

农村创业计划书的成功与否决定了农村创业活动能否顺利获得融资。创业计划书是一份全方位的商业计划,其主要用途是递交给投资商,以便于其能对创业项目做出评判,从而使创业组织获得融资。一份操作性强的创业计划也能起到指导创业活动的作用。其作用可以体现在以下五个方面,如图12-2所示。

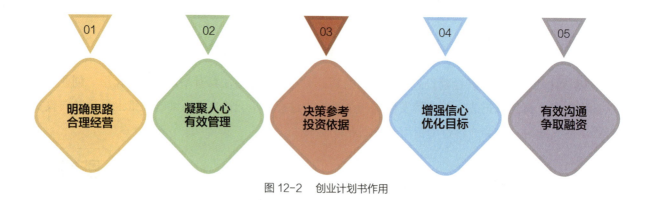

图 12-2　创业计划书作用

（1）明确思路，合理经营。创业计划的编写过程是创业者进一步明确自己的创业思路和经营理念的过程，也就是农村创业者从直观感受向理性运作过渡的过程。数据翔实、切实可行、目标清晰的创业计划有助于创业者冷静地识别和分析创业机会，明确自己的创业理想，进而为创业行动指明方向。

（2）凝聚人心，有效管理。创业计划通过描绘创业项目的发展前景和成长潜力，使团队成员对未来充满信心。创业计划中明确要了需要从事哪些活动，以及人员的分工，从而使大家了解自己将要充当什么角色、达到什么目标，这对于凝聚人心、协同发展具有重要意义。

（3）决策参考，投资依据。从融资角度来看，创业计划书通常被誉为"敲门砖"。撰写创业计划书为创业者提供了自我推销的重要工具，即提供了一种向潜在投资者、供应商、商业伙伴和关键职位应聘者展示自身的机制。

（4）增强信心，优化目标。一方面，创业计划书既提供了农村创业项目全部现状及其发展方向，又提供了良好的效益评价体系及管理监控标准，使创业者在管理过程中对项目发展的每一步都能做出客观的评价。另一方面，创业计划书能够及时根据具体的经营情况调整经营目标，使一切尽在创业者掌握中，增强创业者信心。

（5）有效沟通，争取融资。好的创业计划书可以为农村创业者自身树立一个良好的外部形象，展示其项目的独特优势，使得创业者与外部相关的组织及人员得以良好的交流与合作。同时，优质的创业计划书可以帮助农村创业者吸引投资者的目光，是获取融资的重要工具。

实践活动

分析创业计划书的特点

活动背景： 阅读案例素材中给出的"海乐之友"创业计划书。
活动目标： 分析"海乐之友"创业计划书体现逻辑性、可行性、概括性和时效性方面的优缺点。
活动时间： 20 分钟。

活动步骤：

（1）划分小组，采用随机的方式进行分组，每组以 4～6 人为宜。

（2）老师带领同学们回顾创业计划书的特点有哪些。

（3）分析要包含以下两个方面：

　　①分析"海乐之友"创业计划书具备了创业计划书的哪些特点。

　　②分析"海乐之友"创业计划书所具备的这些特点是怎样体现的。

（4）小组代表发表看法，老师进行点评总结。

任务 2 理解创业计划书结构

案例导入

"海乐之友"创业计划书结构

第一章 项目执行概要

一、公司简介 二、市场描述 三、投资与财务 四、商业模式 五、企业战略 六、组织与人力资源

第二章 项目背景

一、产业背景 二、公司产品

第三章 优选设计

一、设计理念 二、产品性能分析

第四章 市场竞争分析

一、市场现状分析 二、产品定位 三、公司 SWOT 分析 四、市场前景分析

第五章 公司战略

一、公司总体战略 二、发展战略 三、经营战略规划

第六章 生产技术管理

一、工厂建设 二、原材料采购与管理 三、胶合板性能 四、产品质量管理

第七章 污染治理

一、空气污染 二、水污染 三、噪声污染

第八章 市场营销计划

一、营销目标 二、市场目标 三、营销战略

第九章 组织与管理

一、组织管理 二、人力资源管理

第十章 公司投资说明

一、融资说明、二、投资分析

第十一章 财务分析

一、财务说明 二、财务数据预测

第十二章 风险分析及规避

第十三章 风险资本撤出方式

一、公开上市发行 二、兼并和收购 三、股份回购 四、清算退出

分析思考

（1）本案例体现了创业计划书的哪些结构要素？请列举出来。
（2）执行概要为什么要放在创业计划书的最前面？

知识锦囊

创业计划书在写作时要遵循特定格式或规范。同时，也可以根据不同类型的项目、不同的创业计划、不同的创业团队等加以改进，使创业计划书更具针对性。创业计划书的结构具有以下八个部分组成。

1. 总结执行概要

执行概要是对整个创业计划书的高度的概括，是给外界的第一印象。一方面，执行概要在整本计划书完成之后撰写，并放在创业计划书的首页。执行概要大致包括农村创业者团队、产品与服务、目标客户群体、农产品市场现状与前景、竞争优势、盈利模式、融资额度等，每部分内容用一句话或简短的一段文字说明。另一方面，执行概要的语言应做到逻辑清晰和严谨工整，同时对发展前景有积极的预期，以达到引起投资者共鸣与认可的目的。

2. 介绍创业计划

介绍农村创业计划的主要内容应包括项目简介、主要业务、市场定位、经营目标、管理机制、管理团队等，必要时还可加入启动资金和项目实施地的选址等细节性内容，尽量做到真实可信。介绍创业计划可以体现在以下几个方面，如图12-3所示。

（1）战略计划介绍。以精练的语言对项目名称、组织形式、主要业务、经营目标、核心竞争力等内容加以阐述。

（2）创业计划介绍。包括创业项目的基本情况、主要设施和设备、生产工艺基本情况、生产力和生产率的基本情况、质量控制、库存管理、售后服务、研究和发展等内容。

图12-3 介绍创业计划

（3）行动方针介绍。包括创业者如何把产品推向市场？如何设计生产线？如何组装产品？组织生产需要哪些原料、生产资源？生产和设备的成本是多少？

（4）管理团队介绍。包括对项目计划所涉及的主要团队成员进行详细的介绍，让投资人了解项目计划的参与人员，使投资人与项目计划负责人或参与者随时进行联系与沟通。

（5）市场评估介绍。包括对市场的大小、未来的前景，以及顾客和竞争对手都要进行调查和了解。确定产品的市场定位、详细介绍产品或服务的特点、价格、销售渠道、促销方式等。

3. 分析市场与竞争

市场是创业的大背景，农村创业者只有及时准确了解市场，才能在激烈的市场竞争中占据有利地位。具体内容如图12-4所示。

图 12-4　分析市场与竞争关系

（1）市场分析。

①宏观层次。市场通常是对政治、经济、社会、技术这四大类影响组织的主要外部环境因素进行分析。政治分析指政府的方针和政策及法律法规等。经济分析指社会总体经济水平和经济周期以及收入等。技术分析指技术变革及可能衍生的新产业和新产品等。社会分析指人口结构、受教育水平、价值观念、宗教信仰、文化习俗等。

②中观层次。主要包括农户创业者所在行业的结构变化、行业技术发展、行业周期演进等。要考虑两个问题：一是目标客户的需求是什么？二是农村创业项目能够从哪些方面满足目标客户的需求？

③微观层次。首要目标是确定创业项目的产品或服务，主要是对与创业项目的产品和服务直接相关的因素进行分析，以期获得最为直接的消费者需求与市场机会信息。

（2）竞争分析。

农村创业者想要在有竞争的环境下保证自身价值实现，并且凭借核心优势有效实施对价值分配的掌握和控制，使得投资者对创业项目发展潜力和市场前景充满信心。一定要对竞争关系做到有效分析。

①竞争环境分析。竞争环境分析包括集中度、产品与服务的差别度、行业壁垒分析，行业信息化程度分析等。

②竞争对手分析。一般来说，至少要对行业内位居前三位的竞争对手进行详细对比分析。分析内容包括产品或服务特征、质量、技术、成本、市场占有率、财务状况、经营规模、利润水平等，必要时也要考虑到顾客忠诚度和消费惯性等。

③竞争优势分析。面对市场上的激烈竞争农村创业者要想获得成功就必须有独特的核心优势。一般来说，能够形成核心竞争优势的条件主要包括以下几点：第一，技术创新；第二，率先达到生产及市场经济规模；第三，绝佳的用户体验；第四，良好的美誉度与顾客忠诚度。

4. 说明产品与服务

主要说明产品或服务的市场情况。包括目标市场基本情况、未来市场的发展趋势、市场规模、目标客户的购买力等。主要分为以下两部分。

（1）产品或服务介绍

①提供服务类的农村创业项目。这类农村创业者在介绍其产品与服务的相关内容时应涵盖服务的基本功能、运营模式、核心特点、目标客户群体、可行性分析等。

②提供产品类的农村创业项目。这类农村创业者在介绍其产品与服务的相关内容时应包括产品的概念、性质、特征、品牌、专利、目标客户群体、市场前景预测等。产品结构、功能、用户体验等内容可通过大量的图片直观明了的展示，写作语言既要准确精练，也要通俗易懂。

（2）可行性分析。

可行性分析是运用多种科学手段对一个创业项目进行必要性、可行性、合理性论证的综合科学。这部分内容主要包括市场分析、资金使用、产品成本、盈利分析、销售前景、项目目标等。

可行性分析报告是从事一种经济活动（投资）之前，双方从经济、技术、生产、供销、社会各种环境、法律等各种因素，进行具体调查、研究、分析，确定有利和不利的因素、项目是否可行、估计成功率大小、经济效益和社会效益、为决策者和主管机关审批的上报文件。

5. 制定营销模式

营销模式是农村创业者以顾客需求为出发点，以为顾客提供满意产品和服务为目标在市场调查等途径的基础上，开展的销售推广活动。撰写这一部分的最好方法就是清楚地说明其总体的营销策略，包括定位策略和差异化等信息。然后通过定价策略、销售过程和促销组合、渠道策略等说明如何支持总体营销战略的开展。制定营销模式需遵循以下三个原则：

（1）注重创新。把创新理论运用到营销中，包括营销观念的创新、营销产品的创新、营销组织的创新、营销技术的创新等。

（2）强化体验。好的用户体验可以获得顾客的认可进而留住客户，客户认可后又有可能通过各种途径在群体中相互传播，最终帮助创业项目达到宣传推广的目的，增加盈利。

（3）保证可行。营销策略是组织经营管理策略的一部分，应遵循可行性这一根本原则。在撰写营销策略时，应充分考虑到创业组织发展所处的阶段、目标市场、客户群体、竞争状况等关键要素，确保营销策略能够顺利开展并取得预期效果。

6. 明确组织与管理

风险投资者在选择项目时，往往会在查看执行概要的内容后直接阅读创业团队的内容，通过评估创业者实力来预测其发展前景。因此，创业团队及其组织管理在商业计划书中也是一部分重要写作内容，具体内容可包括以下3部分：

（1）创业团队成员介绍。管理团队一般由农村创业者和几个关键的管理人员组成。创业团队成员介绍主要包括介绍团队成员的简历，包括年龄、性别、教育背景、职业经历、专长、主要业绩等。

（2）组织架构及职责分工介绍。组织架构是对组织基本业务部门和职能机构，以及运作流程等做出的界定和规划,反映组织构成要素之间的关系,多用图例的形式来展现,对各个业务部门和职能机构的职权做出解释说明,介绍各部门的主要负责人。

(3)人力资源规划介绍。创业组织想要长久发展,就要基于以人为本的理念,反映在商业计划书中即为人力资源管理规划。这部分主要包括各部门人才需求计划、招聘培训计划和奖惩机制等。

7. 分析农村创业财务

财务分析是对商业计划书中的所有定性描述进行量化的一个系统过程,直接关系到对创业项目价值的评估和取得资金的可能性。在商业计划书中,一般需要对农村创业项目做3~5年的财务规划。具体内容可仿照如下模式。

(1)经营的条件假设。农村创业项目的落地需要人、财、物等各方面资源的加持。此处主要是讲述所需的物质资源条件假设,一般表现为有形资产,按照流动性可以分为流动资产和非流动资产。流动资产是在一年或一年以上的一个营业周期中可以变现的资产,如原材料、库存商品等。非流动资产,如机器设备、办公桌椅、商标权、专利权等。

(2)未来的财务预算。首先,立足于真实市场调研。其次,长期财务预算可以简略一些,但短期预算要尽量做到精确。最后,财务预算必须明确以下问题:第一,产品产量、销量有多大?第二,何时需要扩大生产?第三,单位产品的生产费用是多少?第四,单位产品的定价是多少?第五,使用什么分销渠道,所预期的成本和利润是多少?第六,雇用人员的成本是多少?

(3)制定融资方案。融资方案包括融资额、融资时间、融资对象、融资方式、融资用途等。好的融资方案能够帮助创业农户解决所面临的资金短缺问题,使其获得成功。

8. 规避创业风险

风险分析就是具体分析农村创业者可能面临的诸如技术、市场、管理、政策、经济等方面的风险和问题,并提出相应合理有效的规避方案等。风险分析的内容可分为以下4个方面,如图12-5所示。

(1)市场风险分析。市场的风险主要是在市场实现环节,由于市场的不确定性而由此导致创业失败。首先,通货膨胀会导致物价变动,使资产负债表所反映的资产价值低估,不能反映农村创业者的真实财务状况。其次,由于收入高估,成本费用低估,使利润虚增和税负增加及资本流失等。最后,导致决策及预算不实,使财务控制失去意义。

图 12-5 风险分析的内容

(2)竞争风险分析。农村创业者投资规模较小,回报率较高,其他同类型的创业组织也会想要瓜分市场,这就使得会有许多的竞争者出现,使农村创业者面临同行们的众多挑战和威胁。

(3)资源风险分析。原材料不符合产品生产要求,进货渠道单一等风险。一方面,由于原材料供应商的资源供给不足,从而导致创业项目停滞等。另一方面,导致生产的产品达不到产品质量标准和入市销售的要求，从而造成经济和名誉等损失。

（4）管理风险分析。农村创业者可能存在组织管理体制不完善的风险。一方面，员工流动较大，影响农村创业项目的稳定性和发展。另一方面，管理者的决策失误也可能使得创业项目的外部市场整体素质不高，导致资源成本增加，竞争力减弱。

活动背景：

"晚秋梨"创业计划书结构分析

晚秋黄梨是我国林果专家历时八年，经过精心研究培育成功的梨类新品种。近年来，我国果业大力发展，但产生了各种问题：品种单一，品种结构不合理，市场需求量较大的早中熟品种较少；新品种更新换代慢，老梨树抗病能力差，施肥不合理，产品质量退化严重、果品风味差等。晚秋黄梨的优秀形状正符合市场的缺口，以下为晚秋梨的创业计划书。

（案例来源：瑞文网-《晚秋梨种植创业计划书》，2018年3月。编者进行了整理和删减。）

活动目标： 通过对二维码中的案例素材进行分析，了解创业计划书的结构、要素，并明确该计划书如何进一步优化。

活动时间： 25分钟。

活动步骤：

（1）划分小组，采用随机的方式进行分组，每组以4~6人为宜。

（2）老师给出话题：创业计划书需要具备的要素有哪些？

（3）讨论要包含以下三个方面：

①案例中的创业计划书都包含哪些要素？绘制出该创业计划书的结构。

②案例给出的创业计划书缺少什么要素？

③补充其缺少的要素。

（4）小组代表发表看法，老师进行点评总结。

任务 3　掌握创业计划书的撰写技巧

> 案例导入

集恺灌溉创业计划书（节选）

一、执行概要

集恺灌溉产品根据谨慎财务估算，投资回收期合理，具有较强的财务盈利能力。一方面，公司在节能减排和清洁生产方面形成了较为明显的竞争优势。另一方面，公司管理团队对为公司稳健、快速发展提供了有力保障。最后，集恺产品在质量、价格等方面具有国际市场上的竞争能力，具有较高经济效益、社会利益。综上所述，拟建项目的选址建设条件有明显优势。

二、立项背景

（1）节水灌溉的迫切性。我国属于缺水国家，农业是水资源的用水大户，却也是水资源的浪费大户，灌溉水资源有效利用率仅为40%左右。基于上述考虑，集恺节水灌溉公益创业项目应运而生。

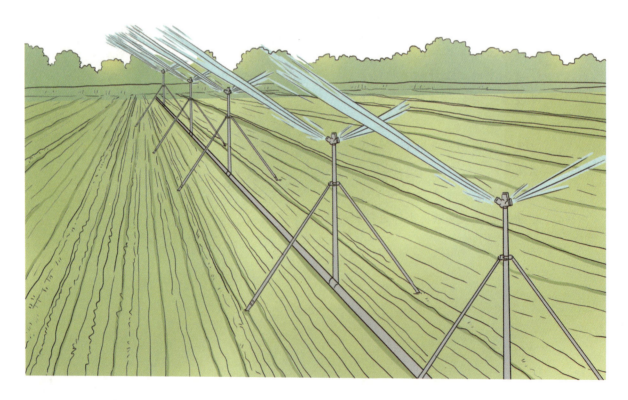

（2）节水灌溉的政策背景。节水灌溉受《中华人民共和国农业技术推广法》《中华人民共和国农业法》《中华人民共和国水土保持法》支持。

三、产品技术介绍

（1）系统介绍。系统主要包括数字式土壤水分传感器、中央控制器、电磁阀门、太阳能电池板等设备及相关软件。

（2）组件介绍。本数字式土壤水分传感器是本系统的核心技术之一，具有完全自主知识产权。

（3）系统亮点介绍。以同时测量土壤的温度和多层土壤的水分，达到灌溉水被植物根系有效吸收而不下渗的目的。采用太阳能供电，这样既不破坏植被的美观又节能低碳，低成本；射频模块采用 ZigBee 无线网络。

（1）根据案例导入，农村创业计划书的撰写应分为哪几个部分？
（2）你认为农村创业计划书的撰写应该注意哪些问题？

创业计划书写作技巧

知识锦囊

1. 简洁清晰的文字表达

（1）使用清晰、简洁的语言。农村创业计划书篇幅不宜过长，应使用简单易懂的语言逻辑清晰地表述，避免过于细致烦琐的解释。创业计划书的作用是在短时间内让读者对项目进行了解，烦琐的语言、过长的篇幅会消耗阅读者的耐心。

（2）避免使用过多专业术语。农村创业计划书的阅读者很可能是对本行业不够了解的人群，如果使用过于烦琐、晦涩的语言文字，很可能会提高创业计划书的阅读门槛，降低其理解的便捷程度，最终导致被认可、转发的可能性降低。

2. 标注出处的参考数据

所有有关市场、竞争对手和客户的信息都应参考权威和相关的数据点。权威的数据来源包括：国家统计局、统计年鉴、地方省市统计局、权威或影响力强的统计机构等。标注数据的参考出处，可以彰显撰写的创业计划书的科学严谨。

3. 附录关键的文件资料

丰富的附录代表研究的完善与可靠。附录中可以列举包括市场调研的数据分析、团队成员的简历、客户数据分析、产品案例分析、场景模拟数据等。越是丰富的附录内容，越能够体现出团队的专业、研究的充分与可靠。

4. 灵活适应的结构形式

每个行业、每个项目的创业计划书都各有不同。创业计划书的模板可以参考，但是不能生搬硬套。对自己创业计划书的研究，应该比写作本身要花更多的时间、更充分地思考。撰写创业计划书应借鉴更多的其他项目的创业计划书，采用最适合目标项目、最突出项目特色的形式。

5. 突出强调的市场问题

在描述或者表述市场问题时，不痛不痒或者浅尝辄止的描述是创业计划书的一大禁忌。创业项目的产生就是基于市场问题、社会痛点，如果市场痛点不能验证清楚、写明白、讲明白，创业项目就难以站得住脚，也难以说服他人相信本创业项目高度可行。

如何突出市场痛点，引起读者对项目的兴趣，可参考以下四点：

（1）市场问题相关报道，配合现场图片、文字描述，直观地展示此类目前市场的现状。

（2）对类似市场问题展开全国乃至全球分析，受此问题影响的、波及的人群众多，每年造成的各种损失巨大，彰显此类问题的广泛和严重。

（3）分析此类市场问题如果不解决将会行产生的二次问题并对此可能造成的危害及损失进行预测和评估进一步证实上述市场问题危害之大、影响之大，必须解决。

（4）分析市场问题，不仅要体现社会问题，还要彰显商业价值。仅仅说明市场问题，还不足以打动投资人，只有商业价值，才能获得稳定盈利。因为此类问题的困扰，政府每年投入的资金，用户个人每年可以购买多少产品，结合总体数量，测算市场容量及预测占有率把项目的商业属性展现无遗。

6. 彰显优势的核心竞争力

创业计划书需要向投资人明确表达的重点是项目产品或服务与竞争对手的区别，并帮助目标用户从根本上解决问题。在撰写时应从多方面全方位地描述自己的核心竞争力，具体包括以下几个方面，如图 12-6 所示。

（1）内部优点。如果是技术产品，则描述产品的技术创新，同时展示技术专利，保护知识产权。技术创新和知识产权的双重保护，可以建立高强度壁垒，他人无法模仿、抄袭。如果是商业模式创新，则要体现独特的优势资源或者背景。

（2）外部优势。在进行竞品分析时，技术创新和模式创新都是在进行性价比的较量。一般消费者需求的是功能全、稳定、价格低、质量硬、服务好、性价比高的产品。所以，竞品分析中，最主要的从产品或服务的性价比入手，战胜竞争对手，赢得市场。

（3）分点逐条展示。将自身的优势分别列出展示，如技术创新保护，如

图 12-6　核心竞争力撰写技巧

何创新、颠覆,以及申请专利,建立技术保护壁垒;产品功能创新、稳定,实用化等方面优于市面上同类产品;产品售价低;渠道优势;团队专业背景等。

(4)竞争对手分析。竞争对手包括"直接竞争对手"和"间接竞争对手"。对于竞争对手的评价应保持客观,面对瞬息万变的市场竞争,必须充分考虑所从事的行业未来有哪几股势力有可能会倒戈变成对手,及时预判和防范,这样才能立于不败之地。

创业计划书的写作技巧训练

活动背景: 老王是除虫菊的种植大户,他的除虫菊不但生长速度快、根系茂密、除虫效率高的特点。为了开拓市场、扩大规模,老王想到了创业融资的道路。他撰写了创业计划书、但多次投出都如石沉大海,毫无反响……

(资料来源:应届毕业生网-《农村创业计划书》,2022年3月。编者进行了整理和删减。)

活动目标: 结合案例素材,分析"除虫菊"创业计划书的问题所在,了解创业计划书的内容,掌握创业计划书的写作技巧。

活动时间: 30分钟。

活动步骤:

(1)划分小组,采用随机的方式进行分组,每组以4~6人为宜。

(2)老师给出话题:创业计划书撰写的过程中需要注意哪些问题?

(3)讨论要包含以下两个方面:

①该创业计划书缺乏哪个部分?

②该创业计划书存在哪些问题?

③针对其问题应该怎样修改?

(4)小组代表发表看法,老师进行点评总结。

单元总结

本单元详细介绍了编撰农村创业计划书的相关内容，包括了解创业计划书的内涵和特点、理解创业计划书结构、掌握创业计划书的撰写特点。撰写农村创业计划书是开启创业的重要一步。通过本单元的学习，希望同学们能够了解创业活动的过程，知悉创业计划书撰写的相关问题，并掌握问题的解决措施，提升创业者专业素养，并完成一份优质的创业计划书。

课后训练

活动背景：完成本单元的学习后，请同学们自行选择一个农业项目，撰写该项目的创业计划书。

活动目标：掌握创业计划书的撰写方法。

活动时间：一周。

活动内容：

（1）老师准备一份创业计划书，它可以是优秀的创业计划书，作为创业计划书的模板，供同学们参考。

（2）划分小组，采用随机的方式进行分组，每组以4~6人为宜。

（3）以小组为单位，根据撰写原则和技巧内容对所选项目进行创业计划书的撰写。

（4）小组代表进行分享发言，老师对小组发言进行总结。